KB215271

마음의 재발견

최덕규
지음

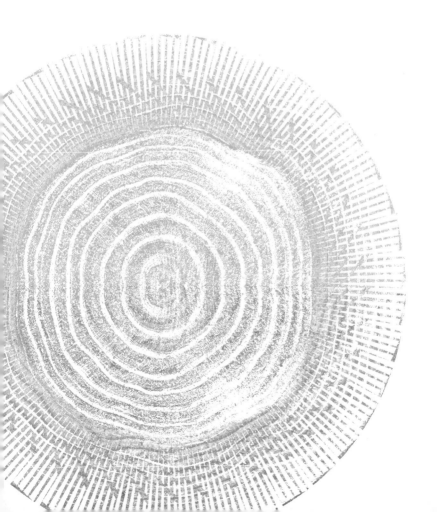

마음의 재발견

최덕규 지음

발행처   도서출판 청어
발행인   이영철
영업   이동호
홍보   천성래
기획   육재섭
편집   이설빈
디자인   이수빈 | 구유림
제작이사 공병한
인쇄   두리터

등록   1999년 5월 3일
         (제321-3210000251001999000063호)

1판 1쇄 발행 2025년 5월 30일

주소   서울특별시 서초구 남부순환로 364길 8-15 동일빌딩 2층
대표전화 02-586-0477
팩시밀리 0303-0942-0478
홈페이지 www.chungeobook.com
E-mail   ppi20@hanmail.net

ISBN   979-11-6855-346-0 (03220)

마음의 재발견

최덕규 지음

머리말

고대 그리스의 위대한 관념론 철학자인 플라톤은 우리의 감각 경험이 실재에 이르는 진정한 안내자가 아니라고 하였다. 세계에 대한 유물론적 설명을 거부했던 플라톤은 우리가 세상에서 보고 경험하는 것은 또 다른 영역, 즉 고귀하고 영적인 세계에서 완전한 형태로 존재하는 것의 어렴풋한 표상에 지나지 않는다고 하였다. 인간은 완전한 형태가 존재하는 영역에서 왔고 이제 정신과 영혼을 통해 그 영역을 재발견해야 한다고 하였다.

대부분의 사람은 자신의 가르침을 거부할 거라 생각해서 플라톤은 그들을 설득할 수 있도록 '완전한 세계(실상, 실재)'에 대해 쉬운 예를 들어 설명하였다. 그 설명은 이렇다: 쇠사슬에 묶인 채 동굴에 갇혀 있는 사람들이 있다고 하자. 그들은 뒤쪽을 볼 수 없고, 오직 동굴 안쪽만을 볼 수 있다. 사람들 뒤쪽에는 길이 있고 위에 커다란 불이 있어서 불빛이 동굴 안을 비추고 있다. 사람이나 동물, 수레가 길을 따라 지나가면 불빛을 차단하기 때문에 그림자가 동굴 벽에 비춰진다. 쇠사슬에 묶인 사람들은 그림자만 보일 테니 그 그림자에 이름을 붙이고 그게 무엇인지 토론하고 추론할 것이다. 그림자들을 실재라고 생각할 것이다. 그런데 묶여 있던 사람 중 한 사람을 동굴 밖으로 데리고 나온다면 어떨까? 그는 처음에는 빛 때문에 아무것도 보지 못하다가 차차 모든 것을 제대로 볼 수 있게 된다. 그림자가 아닌 색깔과 3차원을 지니는 물체들에 어리둥절하고 놀라면서 이렇게 말할 것이다. "하지만 저 동굴에서 우리가 생각한 것은?." 그렇다, 동굴에 있는 한, 우리는 진실(실재)을 볼 수 없다.

불교는 바로 실재를 보라고 한다. 5감각식으로 인식하는 것들은 명색(名色), 즉 이름과 모양에 의해 속기 쉬워 실재를 볼 수 없으니, 명색을 떠나 본래면목, 즉 실재를 보라고 한다. 실재를 보기 위하여 불교는 우선 사물이 어떻게 인식되는 가에 대해 설명한다. 의식의 생성과정을 설명하고, 그 과정을 통하여 실재를 볼 수 있다고 한다. 이것이 바로 불교의 유식론(唯識論)이다.

유식론은 5감각기관(안이비설신: 五根)이 각각의 대상인 5감각대상(색성향미촉: 五境)을 접하여 5감각식을 일으키듯이, 제6근(의근)이 제6경(법경)을 접하여 제6식(의식)을 일으킨다고 설명한다. 의근이 법경을 접하여 제6식(의식)을 일으킬 때, 마음작용(마음현상)이 일어난다. 우리가 마음이라고 생각해 온 느낌이나 감정 같은 것이다. 의식(제6식)의 주체로서 '의근'을 정의하고, 의근의 접촉대상으로 '법경'을 정의한 것은 불교가 유일하다. 이에 대한 정의가 유식론의 제1의 특징이다. 이러한 정의로부터 2500년이 훨씬 지났지만, 의식의 주체와 객체를 각각 '의근'과 '법경'과 같은 개념으로 정의한 학문 분야는 지금까지 없다. (이 책에서는 의근을 '마음기관(Mind Organ)'이라 설명하였고, 법경을 '마음정보(Mind Information)'라 설명하였다.)

유식론은 6근을 통하여 인식된 모든 식이 아뢰야식에 저장된다고 설명하고, 그 아뢰야식을 제8식이라 정의한다. 모든 식에 관한 정보가 아뢰야식에 저장되어 의근에 의해 읽혀진다. 아뢰야식에 저장되는 정보가 바로 마음정보, 즉 법경이다. 법경은 6식을 비롯하여, 6식으로부터 일어나는 모든 감정과 느낌, 그리고 학습과 경험에 의해 얻어지는 모든 지식을 망라한다. 아뢰야식은 사실상 식이 아니고, 모든 식의 정보가 저장되는 영역으로, 장식(藏識)이라고도 한다. 따라서 6식과 같이 별도의 감각기관과 감각대상으로 구분하여 설명하지 않는다. 아뢰야식은 심리학이나 정신분석학에서 정의하는 무의식과 잠재의식을 포괄하는 개념과 유사하다. 식에 관한 모든 정보가 아뢰야식에 저장되고, 그 아뢰야식을 제8식으로 정의한 것이 유식론의 제2의 특징이다.

유식론은 제7식으로 말나식(생각식 또는 사유식)을 정의한다. 제6식이 의근으로 법경(마음정보)을 접하여 일어나는 식이라 하면, 말나식은 제6식이 반복되는 과정이다. 의근은 아뢰야식에 저장된 마음정보를 끊임없이 접촉하여 인지한다. 사유 과정은 마음정보 A를 접하여 A에 대해 생각하기 시작하면, A로부터 B를, B로부터 C를, C로부터 D를 생각해 가는 끊임없는 과정이다. 제7식은 제6식이 계속되는 과정이기 때문에, 사실상 제6식과 동일한 의미를 갖는다. 따라서 별도의 감각기관과 감각대상으로 구분하여 설명하지 않는다.

제7식은 제6식과 동일하게 작동하지만, 제6식과 다른 점이 하나 있다. 사유 과정에서 아상(我相)이라는 번뇌가 개입된다는 점이다, 사유 과정에서 아상이라는 번뇌가 개입되어 최초의 정보가 오염된다고 한다. 아상이라는 번뇌는 아견, 아치, 아애, 아만이라 하는데, 편견, 선입견, 분별망상 등을 의미한다. 있는 그대로의 정보를 보지 못하고 편견, 선입견, 분별망상 등에 의해 오염된 정보를 보기 때문에 실재를 볼 수 없다고 한다. 그래서 석가모니 붓다는 금강경에서 제1성으로 아상을 버리라고 한다. 아상이 있는 한 실재를 볼 수 없다고 한 것이다. 제7식으로 말나식을 상정하고, 말나식의 사유 과정에서 아상이라는 번뇌가 개입되어 최초의 정보가 오염된다는 설명은 유식론의 제3의 특징이다.

불교는 오염되지 않은 있는 그대로의 정보를 본다면 실재를 볼 수 있다고 한다. 제7식에서의 번뇌가 개입되지 않는 사유 과정의 중요성이 강조되는 이유다. 실재를 볼 수 있다면, 나에 대해 알게 될 것이고, 마음과 영혼에 대해서도 알게 될 것이다. 꿈속이나 사후 세계의 의식에 대해서도 알게 될 것이다. 부디 마음의 실체를 찾아 실재(실상)를 볼 수 있도록 모두에게 의미 있는 여정이 되길 빈다.

2025년 5월

최덕규 합장

목차

제4부

유식론과 금강경

제1부

마음과 의식

제1장

마음이란 무엇인가?

　마음을 이해하지 못하거나 마음의 존재를 부인하는 사람은 아무도 없다. 그런데 마음을 정확히 설명하거나 정의할 수 있는 사람 또한 아무도 없다. 마음에 대한 사전적(辭典的) 의미를 살펴보면, 위키피디아(wikipedia)에서는, 사람이 다른 사람이나 사물에 대하여 생각, 인지, 기억, 감정, 의지, 그리고 상상력의 복합체로 드러나는 지능과 의식의 단면을 가리키는 것으로, 뇌의 모든 인지 과정을 마음이라고 설명한다. 나아가, 마음이란 인간을 비롯한 다른 생명체에게도 적용될 수 있는 하나의 특성으로 의식, 인식, 사고, 판단, 기억 등을 할 수 있는 일련의 인지능력이라고 설명한다. 마음을 이렇게 설명하다 보면, 생각, 인지, 기억, 감정, 의지, 의식, 인식, 판단 등과 같은 것들도 또한 정확히 설명하기가 쉽지 않다는 것을 알게 된다. 마음은 정의하면 할수록 더욱더 미궁 속으로 빠져들게 된다. 마음을 규명하는 것은 우주의 생성원리를 밝히거나 생명체가 살고 있는 행성을 찾아내는 것보다도 더 어려운 일인지도 모른다.

마음에 대한 정의나 설명이 아직까지 명확하지 않은 이유는 '마음(mind, 心 또는 意)' 그 자체가 매우 포괄적으로 정의되어 있기 때문이라고 생각된다. 우리는 '눈으로 보지 말고 마음으로 보라'고 한다. 그리고 '너의 마음을 보라'고도 한다. 전자의 마음은 주체가 되고, 후자의 마음은 객체가 된다. 이처럼 마음은 주체가 되기도 하고, 객체가 되기도 한다. '마음'이 주체와 객체로 혼용되어 사용되는 것만 보아도 '마음'은 분명 명확하게 정의된 용어가 아닌 것 같다. 또한, 마음은 비물질적 개념이기 때문에 정의하거나 규명하기가 쉽지 않다. 마음이 어떤 형상을 갖는 물체이거나 맛이나 향을 갖는 물질이라면 마음은 이미 과학의 영역에서 명확하게 규명되었을 것이다. 그러나 마음은 물질적 존재와는 관계가 없는 비물질적 영역에 있기 때문에, 아직까지 과학의 영역에서 규명되지 못하고 있다.

마음은 불과 매우 흡사하다. 불은 불꽃에 의해 그 존재를 쉽게 인지할 수 있지만, 불꽃은 연료가 연소함에 따라 나타나는 현상으로 불 자체는 어떤 물체나 물질로 특정할 수 없다. 우리는 불꽃을 불이라고 착각할 뿐이며, 불은 어떤 형상이나 실체가 없다. 불은 연료를 태워 불꽃과 연기를 발생시킨다. 연료가 불을 만나 연소되면 빨간색이나 파란색의 불꽃과 함께 각기 다른 색의 연기가 피어오른다. 연료가 벙커C유라면 시커먼 연기를 낼 것이고, 잘 마른 장작이라면 하얀 연기를 낼 것이며, 잘 구어진 숯이라면 연기를 거의 내지 않고 연소될 것이다.

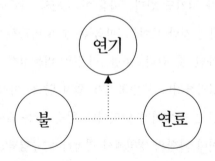

마음도 마찬가지다. 생명체의 어떤 기관(organ)이 주체로서 객체인 어떤 정보를 접촉하게 되면 그로부터 다양한 현상이 일어난다. 그 정보가 즐겁고 기쁜 것이라면 기쁜 마음이 일어날 것이고, 불쾌한 정보라면 불쾌한 마음이 일어날 것이다. 불이 연료를 만나 연소되면 연료의 종류에 따라 서로 다른 불꽃과 연기를 일으키듯이, 마음기관이 마음정보를 만나면 마음정보의 종류에 따라 각종 감정이나 느낌과 같은 마음현상을 일으키는 것이다.

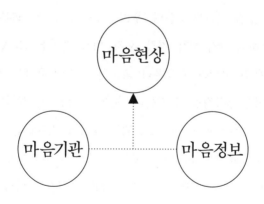

'불-연료-연기'를 '불의 3요소'라 한다면, '마음기관-마음정보-마음현상'은 '마음의 3요소'라 할 수 있다.

제2장

다섯 감각의 인식구조

마음의 3요소를 이해하기 위해서는 5감각을 인식하는 구조를 이해해야 한다. 우리는 눈, 귀, 코, 혀, 피부(몸)에 의하여 각각 시각, 청각, 후각, 미각, 촉각을 인지한다. 인간뿐만 아니라 포유류나 파충류와 같이 육체를 갖는 생명체는 5감각을 감지한다. 눈은 시각을 감지하는 시각기관(organ of sight)이고, 귀는 청각을 감지하는 청각기관(organ of sound)이고, 코는 후각을 감지하는 후각기관(organ of smell)이고, 혀는 미각을 감지하는 미각기관(organ of taste)이고, 피부(몸)는 촉각을 감지하는 촉각기관(organ of tactile sensation)이다. 위 감각기관(organ)을 근(根: root)이라고도 한다. 눈을 안근, 귀를 이근, 코를 비근, 혀를 설근, 피부[몸]을 촉근이라 하는 것이다. 그래서 안이비설신(眼耳鼻舌身)을 5감각을 감지하는 5근이라 한다.

5감각을 감지하는 감각기관인 5근(안이비설신)은 감지하는 대상이 서로 다르다. 안근은 빛[색(色)]을 감지하고, 이근은 소리[성(聲)]를 감지하고, 비근은 냄새[향(香)]를 감지하고, 설근은 맛[미(味)]을 감지하고, 신근은 물체의 접촉(tactile objects)[촉(觸)]을 감지한다. 눈이 소리를 감지할 수 없고, 코가 빛을 감지할 수는 없다. 이처럼 감각의 대상은 감각기관에 따라 명확히 구분된다. 이런 감각의 대상을 경(境) 또는 경계(境界)라 하고, 색성향미촉을 5경(또는 5경계)이라 한다. 물질세계의 감각 대상은 모두 5경으로 이루어져 있다.

5감각기관 (5근)	눈	귀	코	허	몸
	|	|	|	|	|
5감각대상 (5경)	빛(색)	소리(성)	냄새(향)	맛(미)	접촉물체(촉)
	|	|	|	|	|
5감각식 (5식)	시식	청식	후식	미식	촉식

육체를 갖는 모든 생명체는 감각기관인 5근으로 각각의 감지 대상인 5경을 접하여 5감각을 일으킨다. 5근이 구비된 생명체라 하더라도, 감지 대상의 영역은 생명체마다 다를 수 있다. 인간의 경우를 보면, 눈을 통하여 빛[색]을 인식하게 되는데, 인간이 볼 수 있는 빛은 파장이 400나노미터 이상 800나노미터 이하인 가시광선에 한정된다. 가시광선보다 파장이 짧은 자외선이나 X-선은 육안으로 볼 수 없다. 가시광선보다 파장이 긴 적외선도 육안으로 볼 수 없다. 인간의 육안으로 볼 수 없다고 해서 빛이 존재하지 않는 것이 아니다. 인간의 눈에 한계가 있을 뿐이다.

꿀벌은 자외선까지 보는 색 시각을 가지고 있다. 꿀벌은 진정한 3색형 색각을 가지고 있다. 과거의 실험에서는 자외선에 주목하지 않았기 때문에, 꿀벌은 2색형 색각을 가지고 있다고 믿었다. 꿀벌은 빛의 편광을 감지한다. 꿀벌은 그 감각의 도움으로 태양을 기준으로 삼아 놀랍도록 정교하게 방향을 잡는다. 인간은 완전히 편광된 빛조차도 편광되지 않은 평범한 빛과 구별하지 못한다.

소리도 마찬가지다. 인간이 귀로 들을 수 있는 소리의 진동수는 12헤르츠에서 3만 헤르츠까지이다. 하지만 박쥐는 인간이 들을 수 있는 진동수 상한선보다 훨씬 더 높은 진동수의 음파(초음파)를 감지한다. 박쥐는 스스로 초음파를 방출하며 그것을 일종의 '레이더'로 이용하여 장애물을 피한다. 개는 인간보다 더 발달된 후각을 가지고 있다. 다른 감각들에 대해서도 사정은 비슷하다.

제3장

마음의 3요소

마음을 '불-연료-연기'에 비유하여 '마음기관-마음정보-마음현상'으로 설명하고자 하는 시도는 불교의 유식론(唯識論)에 근거한 것이다. 유식론은 모든 존재의 근원이 오로지 식(識)이라고 보는 불교의 교리로서, 마음(식)의 생성원리를 설명한 이론이다. 어떤 존재가 식(識)이 없는 상태라 하면, 그 존재는 존재로서의 의의가 없을 것이다. 이런 관점에서 보더라도 유식론은 한 종교의 교리를 떠나 과학적인 합리성과 정당성을 갖는 이론이라 할 수 있다.

유식론은 5감각식의 주체인 5근과 객체(대상)인 5경을 설명하고, 나아가 제6식(의식)을 일으키는 구조를 설명한다.

6 감각기관 (6근) : 눈(안근) 귀(이근) 코(비근) 혀(설근) 몸(신근) 마음기관(의근)

    | | | | | |

6 감각대상 (6경) : 빛(색) 소리(성) 냄새(향) 맛(미) 접촉물체(촉) 마음정보(법)

    | | | | |

6 감각식 (6식) :   시식   청식   후식   미식   촉식   의식

                        (제6식, 법식)

5근(안이비설신)과 같은 방식으로 마음정보를 접하여 의식을 일으키는 주체를 의근(意根)이라 정의한 것은 불교의 유식론이 유일하다. 의학이나 심리학을 비롯한 어떤 학문 분야에서도 마음의 주체를 '마음'과 분리하여 별도로 정의한 경우는 없다. 유식론에서는 유일하게 마음의 주체를 의근이라 하고, 의근의 객체(대상)를 법경(法境)이라 하였다. 그리고 의근이 법경을 접하여 의식을 일으킨다고 하였다. 불교에서 '법(法)'은 보통 '다르마(dharmas: 진리)'를 의미하지만, 이 책에서 정의한 마음기관(organ of mind)은 의근을 쉽게 풀이한 것이고, 마음정보(mind information)는 법경(法境)을 쉽게 풀이한 것이다.

안이비설신 5근과 제6근인 의근(마음기관) 사이에는 중요한 차이점이 있다. 5근은 육체의 일부로서 물질적 기

관인 반면, 의근은 물질이 아닌 비물질적 기관이라는 점이다. 5근은 육체의 일부이기 때문에 육체가 죽으면 함께 죽는다. 그래서 육체가 죽으면 5감각식은 일어나지 않는다. 하지만 의근은 육체의 생사와 관계가 없다. 육체가 죽더라도 의근은 죽지 않으며, 따라서 육체가 죽은 후에도 의근은 작동하여 식을 일으킨다.

의근이 물질적 기관이었다면, 마음은 다른 5근과 같이 쉽게 규명되었을 것이고 따라서 탐구의 대상이 될 수 없었을 것이다. 5근은 물질적 기관이기 때문에 과학에 의하여 많은 것들이 규명되었지만, 의근은 비물질적 기관으로 과학에 의해 규명된 것이 거의 없다. 최근에는 인공지능, 빅 데이터 같은 기술이 발달하여 인간 못지않은 지능을 갖고 인간의 생각과 감정을 읽을 수 있는 로봇을 개발하고 있지만, 비물질적 기관인 의근은 아직까지 경외의 대상으로 남아 있다.

의근이 비물질적 기관이고 규명되지 않았다는 이유로 그 존재를 부인할 수는 없다. 이는 마치 마음이나 불의 존재를 부인하는 것과 같기 때문이다. 우리는 상황에 따라 다양한 마음(실제로는 감정이나 느낌에 해당함)이 일어남을 경험하지만 정작 그 주체를 알지 못한다. 이는 마치 불이 연료를 만나 다양한 불꽃과 연기를 일으키지만 정작 불에 대해서 알지 못하는 것과 같다.

의근의 대상이 되는 마음정보(법경)는 비물질적인 정보이지만 구체적인 정보다. 나의 이름, 나이, 주민등록번호, 생일, 키, 몸무게도 마음정보의 일부가 된다. 초등학교 때 배운 구구단이나 중학교때 배운 피타고라스 정리(직각삼각형에서 $a^2+b^2=c^2$: c는 빗변)도 마음정보다. 마음정보는 학습과 경험에 의해 얻어지는 모든 지식, 느낌, 감정 등을 망라한다.

의근이 마음정보(법경)를 만나면 의식이 일어난다. 이 의식을 5감각식과 구분하기 위하여 제6식 또는 법식이라고도 한다. 제6식은 의근이 제6근이기 때문에 붙여진 이름이고, 법식은 법경을 대상으로 하여 일어나기 때문에 붙여진 이름이다. 의식(제6식, 법식)은 마음현상을 수반한다. 불이 연료에 따라 다양한 불꽃과 연기를 일으키듯이, 의근은 접하는 마음정보에 따라 다양한 마음을 일으킨다. 마음현상은 감정 내지는 느낌에 해당하는 것으로,

사랑하는 마음, 미워하는 마음, 즐거운 마음, 불쾌한 마음, 질투심, 시기심 등이 이에 해당한다. 누구나 경험한 바가 있기 때문에 마음현상은 쉽게 이해될 수 있다. 그런데 우리는 불꽃을 불이라고 착각해 왔듯이, 마음현상을 마음이라고 착각하고 있다.

유식론에 따르면, 마음정보는 성품에 따라 선(善), 불선(不善), 무기(無記)로 분류한다. 무기(無記)는 선도 불선도 아닌 중립상태를 말한다. 마음정보는 그 성품에 따라 각각 기쁨(樂), 고통(苦), 무관심(捨)을 수반한다. 마음정보의 성품이 선이면 마음현상은 기쁨으로 나타나고, 불선이면 고통으로 나타나며, 무기이면 무덤덤한 현상으로 나타난다.

유식론에서는, 마음현상이 모두 51가지라고 설명한다. 일부를 소개하면, 그중에서 선한 마음현상은 11가지인데, 신(信: belief: 신뢰하는 마음), 참(慚: sense of shame: 부끄러워할 줄 아는 마음), 괴(愧: sense of integrity: 진실된 마음), 무탐(無貪: non-covetousness: 탐하지 않는 마음), 무진(無瞋: non-anger: 화내지 않는 마음), 무치(無癡: nondelusion: 어리석지 않은 마음), 근(勤: zeal: 정진하고자 하는 마음), 안(安: composure of mind: 평정한 마음), 불방일(不放逸: vigilance: 방심하지 않는 마음), 행사(行捨: equanimity: 침착한 마음), 불해(不害: harmlessness : 악의 없는 마음)라 하고, 고통스런 마음현상은 6가지인데, 탐(貪: covetousness: 탐욕스런 마음), 진(瞋: anger: 화내는 마음), 치(痴: delusion: 어리석은 마음), 만(慢: conceit: 자만심), 의(疑: doubt: 의심), 악견(惡見: erroneous views: 잘못된 견해)이라 한다.

우리가 이제까지 '의(意)'라 표현한 것은 주체로서의 마음, 즉 의근에 해당하고, '심(心)'이라 표현한 것은 객체로서의 마음, 즉 마음현상에 해당하는 것으로 볼 수 있다.

제4장

마음정보의 저장장소

인간은 태어나서 말과 글을 배우고 성장하면서 엄청난 양의 지식을 쌓는다. 모두 경험과 학습으로부터 얻어진 정보다. 보고 듣고 냄새 맡고 맛보고 접촉하여 얻어진 5감각식에 대한 정보를 비롯하여 이들을 기초로 일어나는 모든 감정이나 느낌과 같은 마음현상도 모두 마음정보가 된다. 이러한 정보들은 어디에 저장되는 것일까? 이러한 정보들이 어디에 저장되어 있기에 필요한 경우 그 정보를 다시 기억해내는 것일까?

하버드대 심리학 교수인 스티븐 핑커는 마음을 뇌의 활동이라 하고, 뇌는 정보를 처리하는 기관이라 말한다. 그는 마음이 여러 개의 모듈 즉 마음 기관들로 구성되어 있으며, 각각의 모듈은 이 세계와의 특정한 상호작용을 전담하도록 진화한 특별한 설계를 가지고 있다고 한다. 그리고 모듈의 기본 논리는 우리의 유전자 프로그램에 의해 지정된다고 한다. 그는 신체 기관들이 복잡한 설계를 갖고 있는 것은 인간 게놈(genome)에 담긴 정보 덕분인데, 우리의 마음 기관들도 그러하다고 한다.

노벨상 수상자인 프란시스 크릭은 1994년에 의식의 속성에 관하여 '기쁨과 슬픔, 기억과 야망, 정체감과 자유의지는 사실상 거대한 신경세포 집합체의 활동에 불과하다'는 주장을 발표하였다. 인지 신경과학자들은 의식은 두뇌 곳곳에 있는 신경세포들의 집단 활동에서 생겨나며, 동시에 점화한 신경세포 수백만 또는 수천만 개의 작용이라고 믿고 있다. 크릭은 의식이 뇌 전체의 집단행동이라는 관점에서 벗어나 의식을 일으키는 매우 전문화된 신경세포들이 있을 것이라고 주장한다. 크릭은 의식을 일으키는 신경적 조건을 의식의 신경 상관물(neuronal correlates of consciousness: NCC)이라 하고, 그것이 전뇌에 있는 뉴런들과 관련이 있다고 주장한다. 하지만 경험과 학습에 의하여 얻어진 지식정보가 뇌에 저장된다는 것은 아직까지 이론적 근거가 없다.

정신분석학자 지그문트 프로이트는 심리 구조를 세 층위로 나누어 파악하고, 최상위에 있는 것을 의식(consciousness)이라 하고, 그다음은 우리가 항상 의식하고 있지는 않지만 기억할 수 있는 것으로 전의식(preconscious)이라 하였으며, 세 번째 층위는 가장 크고도 신비스러운 것으로 무의식(unconscious)이라 하였다. 프로이트의 의식 구조에 의하면, 경험과 학습으로부터 얻어진 지식정보는 현재 인식하고 있는 현재의식을 비롯하여 잠재적인 전의식 및 신비스러운 무의식 속에 저장되는 것으로 볼 수 있다.

유식론에 따르면, 불교는 모든 마음정보의 저장 창고로서 아뢰야식(Alaya Consciousness)을 상정한다. 5감각식을 비롯하여 제6식(의식 또는 법식)에 의해 생성된 모든 식에 관한 정보가 아뢰야식에 저장된다고 한다. 그래서 아뢰야식을 저장식(貯藏識) 또는 장식(藏識)이라고도 한다. 그리고 아뢰야식을 제8식이라 정의한다(제7식에 대해서는 후술한다). 아뢰야식은 식의 정보인 마음정보가 저장되는 한 영역으로 볼 수 있지만, 비물질적인 정보가 저장되는 영역이기 때문에 역시 비물질적인 개념이다. 프로이트가 설명하는 전의식 내지는 무의식에 해당하는 것으로 볼 수 있다.

아뢰야식은 마음정보가 저장되는 영역이고, 마음기관(의근)은 법경에 해당하는 마음정보를 그 접촉 대상으로 하기 때문에, 결국 아뢰야식은 법경과 동일한 개념으로 볼 수 있다. 즉, 6근은 6경을 대상으로 6식을 일으키며, 일어난 6식은 마음정보가 되어 아뢰야식에 그대로 저장되는데, 저장된 아뢰야식은 다시 의근의 대상인 법경이 되어 의근에 의해 읽혀진다. 현시점에서 법경은 자기 자신의 아뢰야식과 동일시될 수 있지만, 실제로 법경은 자기 자신의 아뢰야식을 넘어선 확장된 의미를 갖는다(이 점에 대해서는 후술한다).

제5장

기억과 생각

　길을 가다가 오랜만에 옛날 한 학교 친구를 만나 간단히 인사하고 지나쳤는데 그 친구의 이름이 도무지 생각나지 않는다. 학창시절의 과거로 돌아가 기억을 되살려 그의 이름이 '김철수'라는 것을 알게 되었다. 이 경우, '김철수'라는 정보는 머릿속 어딘가에 있다가 튀어나온 것이라고 생각할 것이다. 그런데 생각은 거기서 그치지 않고 이어진다. 그의 형은 '김영수'이었고, 그의 여동생은 '김영자'이었고, 그들은 모두 키가 컸고, 운동도 잘했으며, 그들의 부모는 어쩌고저쩌고 등등의 생각들이 끊임없이 전개된다.

　유식론적으로 보면, 의근이 아뢰야식에 저장된 '김철

수'라는 정보를 찾아낸 것이다. 이는 아뢰야식에 저장된 정보 중에서 찾고자 하는 정보를 찾아낸 것으로 기억에 해당한다. 그리고는 그것을 시작으로 더 많은 정보들이 계속 이어진다. 어떤 최초의 정보를 시작으로 계속하여 다른 정보를 찾아내는 일련의 과정은 생각(사고 또는 사유과정)에 해당한다.

의근이 아뢰야식에 저장된 마음정보를 찾아가는 과정은 잠시도 멈추지 않는다. 이를 두고 우리는 '마음은 잠시도 가만히 있지 못한다'고 한다. 길을 가면서도 생각하고, 밥을 먹는 중에도 생각하고, 대화 중에도 생각하고, 강의를 듣는 중에도 끊임없이 생각한다. 우리는 그런 마음(생각)을 나무를 타는 원숭이에 비유하기도 한다. 원숭이는 나무에 올라 한 가지를 잡았다가, 그것을 놓고 다른 가지를 잡는 동작을 끊임없이 반복한다.

인간은 보통 평균적으로 하루에 대략 6만 가지 생각을 한다고 한다. 한 인간의 의근이 하루에 6만 가지의 마음정보를 찾아 읽는 것이다. 이처럼 우리의 의식은 잠시도 멈추지 않고 마음정보를 찾아 분주하게 움직이는

데, 의식의 이러한 특성을 유식론에서는 변계소집성(邊計所執性: Nature of Mere-Imagination)이라 한다. 식은 항상 생각하고 상상하고자 하는 성질이 있다는 것이다.

유식론에서는, 의근이 아뢰야식에 저장된 마음정보를 끊임없이 찾아 읽어가는 과정을 제7식으로 정의하고 말나식(Manas Consciousness)이라 명명한다. 말나식은 제6식(의식 또는 법식)과 동일하게 작동된다. 하지만 아뢰야식에 저장된 정보로부터 계속되는 생각(사고 또는 사유과정)을 제6식과 분리하여 제7식(말나식)으로 규정한다. 말나식에서는 생각 즉 사유작용이 계속되기 때문에 말나식을 생각식 또는 분별식이라고도 한다. 사유과정을 거치면서 분별하기 때문이다. 이것은 옳고 저것은 그르고, 이것은 좋고 저것은 나쁘고, 이것은 길고 저것은 짧고, 이것은 깨끗하고 저것은 더럽고 등등의 2분법적 사고를 계속하는 것이다.

아뢰야식에 저장된 마음정보를 찾아가면서 일어나는 생각은 저절로 일어나는 것이 아니다. 생각은 저절로 일어나는 것 같지만 결코 저절로 일어나지 않으며 반드시 동기가 있어야 한다. 우리는 가끔 무엇에 관한 얘기를 나누다가 왜 그 얘기를 하고 있는지 묻곤 하는 경우가 있다. 예를 들어, 친구들끼리 코끼리에 관한 얘기를 하다가 왜 코끼리에 관한 얘기를 하게 되었는지 서로 묻는 경우가 있다. 그러면 코끼리 얘기는 한 친구의 태국여행으로부터 비롯되었다는 것을 알게 되고, 한 친구의 태국여행은 지난해 여름휴가 얘기로부터 비롯되었고, 지난해 여름휴가는 회사로부터 받았던 특별 보너스로부터 비롯되었다는 것을 알게 될 것이다. 이처럼 A라는 것에서 출발하여, B를 생각하고, 다시 그로부터 C를 생각하고, 그로부터 D를 생각해가는 것이 생각의 과정이고 의식의 생성과정이다.

생각의 1차적인 출발점은 대부분 5감각식이다. 5감각기관이 색성향미촉의 대상을 만나 5감각식을 일으킬 때 그로부터 한 생각이 출발한다. 눈앞에 "X"가 나타나면, 그 X로부터 A를 생각하고, A로부터 B를 생각하고, B로부터 C를 생각하고, C로부터 D를 생각하게 된다. 그러다가 귀에 "Y"가 들려오면, Y로부터 L을 생각하고, L로부터 M을 생각하고, M으로부터 N을 생각한다. 그러다가 코에 "Z" 향기가 들어오면, Z로부터 P를 생각하고, P로부터 Q를 생각하고, Q로부터 R을 생각한다.

생각의 2차적인 출발점은 의근이 법경(마음정보)을 만나 생성되는 제6식이다. 제6식은 의근이 마음정보를 읽음으로써 일어난다. 한 예를 들어보면, 먼 허공에 어떤 물체가 나타났을 때 그것을 볼 수 있다면, 시각이 작동한 것이다. 시각은 안근(눈), 시신경, 그리고 뇌에 의해 인지된다. 이 단계에서의 의식은 신경생리학적 의식이다. 그 물체가 차츰 접근하였을 때 비행기라는 것을 알게 되었다면, 이미 학습이나 경험에 의해 저장된 정보에 따라 비행기라는 것을 식별하는 것이다. 그 비행기가 더 접근하여 국적기라는 것을 알았다면, 역시 학습이나 경험에 의한 정보에 의해 국적기라는 것을 식별한 것이다. 이 단계에서의 의식은 인지 내지는 식별 단계의 의식으로 의근에 의해 인식된다.

생각의 1차적인 출발점인 5감각식과 2차적인 출발점인 제6식은 끊임없이 지속되어 생각을 이어가는데, 앞의 생각과 뒤의 생각은 원인과 결과가 되어 서로 의존하면서 일어난다. 식의 이러한 성질을 유식론에서는 의타기성(依他起性: Nature of Dependence on Others)이라 한다. 불교에서는 물질계의 모든 현상이 상호의존의 상태로 존재한다. 어느 것도 독립적으로 존재할 수 없다고 본다. 이것은 불교의 연기론(緣起論)인데, 의타기성은 의식의 생성 과정에서 나타나는 의식의 연기론이라 할 수 있다.

제6장

생각의 양면성

17세기 프랑스 사상가 파스칼은 '인간은 생각하는 갈대'라 하였다. 인간은 광대무변한 대자연 가운데 하나의 갈대와 같이 나약한 존재에 지나지 않으나, 생각하는 데 따라서는 우주를 포용할 수도 있는 위대성을 지니고 있다고 설파한 것이다. 같은 시기 프랑스 철학자 데카르트는 '나는 생각한다. 그러므로 나는 존재한다.'라고 선언함으로써 생각하는 사유의식을 인간 존재의 근본으로 삼기도 하였다. 이처럼 생각은 인간 존재의 근원 내지는 위대함을 대변한다. 생각은 인류의 발달과 진화의 원천이 되어 왔다. 과학과 기술의 발달은 물론 모든 문명과 문화의 발달은 인간의 생각 즉 사고에 기인한 것이다.

생각은 인간만의 전유물은 아니다. 개나 닭 같은 동물은 물론 개미나 지렁이 같은 미물도 생각한다. 개는 주인과 타인을 분별할 줄 안다. 주인의 말을 알아듣고 그에 맞게 행동한다. 병아리 떼를 거느리는 어미 닭은 외부의 위협으로부터 새끼들을 보호할 줄 안다. 개미는 식량을 저장할 수 있는 집도 지을 줄 알고, 겨울철을 대비하여 식량을 저장할 줄도 안다. 지렁이도 자기가 살 수 있는 환경을 찾아 이동할 줄 안다.

인간은 다른 동물이나 생명체에 비해 월등히 많은 생각을 한다. 아뢰야식에 엄청난 정보가 저장되어 있기 때문이다. 인간이 다른 동물들에 비해 월등히 많은 정보를 갖는 것은 인간은 언어와 문자를 사용할 줄 알기 때문이다. 언어와 문자를 사용하여 학습하고 경험하면서 엄청난 양의 지식, 즉 마음정보를 아뢰야식에 저장한다. 그리고는 의근으로 그 정보를 끊임없이 접촉하여 생각(사고, 사유작용)을 계속한다. 엄청난 정보를 뒤적거리다가 때로는 획기적인 이론을 발견하기도 있고, 새로운 발명품을 만들어내기도 한다.

유식론에서는 의근으로 마음정보를 계속하여 읽어가는 제7식의 생각식(분별식)이 5감각식이나 제6식에 비해 수승하다고 한다. 생각식이 다른 식에 비해 우월하다는 의미다. 사유하고 연산하며 판단하는 한 단계 높은 수준의 의식단계인 생각식(분별식)이 단순한 인지나 식별이나 감각의 의식단계인 6식보다 우월하지 않을 수 없다.

그런데 이처럼 수승한 생각식이 계속되는 동안 오염될 수 있다고 한다. 생각(사유작용)을 하는 중에 번뇌가 개입되어 애초의 정보가 오염된다는 것이다. 이는 정보를 있는 그대로 보지 못하고 아전인수(我田引水) 격으로 해석한다는 것이다. 개입되는 번뇌는 '자기(ego)' 중심적으로 생각하는 아상(我相)이라는 번뇌다.

아상은 다시 아치(我痴: Self-delusion), 아견(我見: Self-belief), 아만(我慢: Self-conceit), 아애(我愛: Self-love)의 4가지 근본 번뇌로 분류하는데, 아치는 자아의 본성에 대한 이해가 부족한 무지로부터 비롯되는 번뇌이고, 아견은 자아가 존재한다는 견해에 집착하는 번뇌로서, 모든 법이 무아인데[諸法無我] 그 모든 법의 자아가 존재한다는 잘못된 견해에 집착하는 것이고, 아만은 자아에 대한 믿음으로 인하여 스스로 우월하고 고상하다고 생각하는 마음이며, 아애는 자신에 대한 욕망에 집착하는 것을 의미한다.

생각식(분별식)은 수승하지만 아상이라는 번뇌에 의해 오염될 수 있으니 조심하라고 가르친다. 석가모니 붓다가 마음에 대하여 설법한 금강경에서도 보살(깨달은 자)이 되기 위해서는 아상을 버려야 한다고 설한다. 아상이 있는 한 보살이 될 수 없다는 것이 금강경에서 설한 석가모니 붓다의 제1성이다.

사회심리학자로서 '정서예측(미래에 일어날 사건에 대한 정서적 반응을 예측하는 능력)'에 관한 연구로 유명한 하버드대학 심리학과 대니얼 길버트 교수는, 인간에게는 사건을 보는 관점을 자신에게 유리한 방향으로 바꾸는 놀라운 재주가 있다고 한다. 아내가 다른 남자와 눈이 맞아 달아나면, 얼마 지나지 않아 대부분의 남자들은 '그 여자는 나랑 정말 맞지 않았어' 혹은 '우리 사이에는 거의 공통점이 없었어'라고 결론짓기 시작하고, 자신이 합리적으로 생각한다고 확신한다고 한다. 그러한 결론의 옳고 그름을 떠나 그런 결론을 찾아내는 게 자신에게 도

움이 될 때 인간이 유난히 그런 능력을 잘 발휘한다고
한다.

　의근이 마음정보를 접촉하여 계속되는 생각의 사이클
에 아상으로부터 비롯되는 편견, 선입견, 분별망상과 같
은 근본 번뇌가 개입되어 본래의 마음정보가 오염될 수
있다는 불교의 2500년 전 통찰은 뛰어난 통찰이 아닐
수 없다.

제7장

법경의 확장된 의미

　인파 속을 걸어가고 있는데 누군가가 따라오는 것 같은 예감이 들어 뒤를 돌아보았을 때 실제로 아는 친구가 뒤따라오는 것을 알게 되었다면, 우리는 이러한 예감을 텔레파시(telepathy), 초감각 지각(extra-sensuous perception: ESP), 또는 제6감(sixth sense)이라 한다. 텔레파시라는 용어는 심령 연구회의 창설자 중 한 사람인 프레더릭 마이어스가 1882년 12월 런던에서 열린 한 학회에서 최초로 언급했다. 텔레파시는 '지금까지 알려진 감각기관의 일상적인 작동 없이 먼 곳에서 얻는 모든 종류의 인식'을 의미했다. 마이어스는 텔레파시를 이렇게 정의하면서 그러한 인식이 다른 사람의 마음에서 송신된 것이라고 규정하지는 않았다. 하지만 이후에 텔레파시는 살아있는 사람의 마음이든 육체를 지니지 않은 영혼이든 어떤 다른 존재의 마음과 초자연적으로 연결되는 것을 의미했다.

텔레파시는 전보, 사진, 전화, 전축처럼 눈에 보이지 않는 새로운 경로를 통해 먼 곳의 정보를 전달받았던 19세기 문화와 관련이 있다. 전화의 존재를 부인할 수 없듯이, 텔레파시의 존재를 부인할 수 없었던 것이다. 육체가 없는 말소리도 먼 거리에서 순식간에 전달되는데, 생각이나 영감이 왜 그와 유사한 방식으로 전달될 수 없는 것인지에 대해 반문하였던 것이다. 프로이트도 수십 년이 지난 후에 사고 전이(thought-transference)가 '무선 전보에 해당하는 심령현상'일지 모른다며 이러한 비유를 사용한 적이 있다. 다른 사람의 마음을 꿰뚫어 보는 일에 달인이었던 리처드 프랜시스 버턴은 우리가 지금 ESP라고 부르는 용어를 만들어낸 사람이다. 리처드 버턴은 사후의 삶을 믿지는 않았지만, 제6감의 존재는 분명히 믿었다.

심령 연구회가 창설된 지 120년이 지난 지금에도 텔레파시와 같은 정보 전달 방식의 존재에 대해서 논쟁은 여전히 계속되고 있다. 이 논쟁의 한 극단에는 텔레파시에 대한 집요한 회의주의자들이 있다. 이들은 ESP를 지지하는 증거를 발견했다는 연구들의 타당성을 계속 반박하며, 그러한 증거는 속임수, 사기, 조작, 잘못된 실험 방법의 결과라는 많은 사례를 소개한다. 다른 극단에는 열렬한 옹호주의자들이 있다. 이들은 ESP의 존재를 당연시하고 이를 뒷받침하는 연구 결과들을 의심 없이 믿으며, '그러한 증거를 달리 설명하려는' 회의주의자들의 시도에 강력하게 반발한다. 이 두 입장의 중간에는 어떤 편견도 없이 가장 타당하고 확실한 방법을 통해서 ESP와 그 밖의 특이한 경험을 연구하려는 과학자들도 있다. 이들의 공통된 의견은 ESP를 지지하는 모든 증거들을 무시하기 어렵다는 것이다. ESP의 존재가 아직 분명하게 입증되지는 않았지만, 분명하게 무시할 수도 없다는 것이다.

텔레파시, 초감각 지각(ESP), 제6감(sixth sense)은 제6근(의근)이 제6경(법경)의 정보를 읽어 제6식(의식 또는 법식)을 일으키는 것과 같다. 마음기관이 마음정보를 읽어

식을 일으키는 것과 같다.

마음정보는 아뢰야식에 저장된다. 그래서 앞에서는 아뢰야식을 법경과 동일시하였다. 그런데 텔레파시는 자기의 아뢰야식에 저장된 정보를 읽는 것이 아니라, 다른 사람의 마음을 읽는 것이다. 그렇다면 법경은 자기의 아뢰야식은 물론 다른 사람의 아뢰야식에 저장된 마음정보 나아가 영혼과 같은 어떤 다른 존재의 마음정보도 포함해야 한다. 따라서 의근의 대상인 법경은 자기의 아뢰야식에 저장된 마음정보는 물론 이 우주의 모든 중생의 아뢰야식에 저장된 마음정보를 망라한다. 법경의 의미는 무한대로 확장되는 것이다. 불교의 논서 중의 하나인 〈유가사지론〉에서는 의근의 대상이 되는 법경을 타경(他境)과 자경(自境)으로 설명하는데, 자경은 자기의 아뢰야식에 저장된 정보를 의미하고, 타경은 자기 외의 다른 존재들의 아뢰야식에 저장된 정보를 의미한다.

제8장

의식과 뇌

　유식론에서의 의식구조는 8식 구조이다. 안이비설신 5 감각기관에 의해 인지되는 5감각식을 비롯하여 의근에 의해 인지되는 제6식, 제6식이 계속되면서 사유하고 분별하는 제7식(말나식), 그리고 제6식과 제7식에서 일어난 마음현상이 저장되는 제8식(아뢰야식)으로 구성된다.

6근 :	눈(안근)	귀(이근)	코(비근)	혀(설근)	몸(신근)	마음기관(의근)
	|	|	|	|	|	|
6경 :	빛(색)	소리(성)	냄새(향)	맛(미)	접촉물체(촉)	마음정보(법)
	|	|	|	|	|	|
6식 :	시식	청식	후식	미식	촉식	의식
	(제1식)	(제2식)	(제3식)	(제4식)	(제5식)	(제6식, 법식)

제7식(말나식): 제6식이 반복되는 것

제8식(아뢰야식): 제1식부터 제7식까지의 식이 저장되는 곳 [법경]
제1식부터 제5식: 전5식(前5識)
제6식부터 제8식: 후3식(後3識)

유식론의 8식 구조는 몇 가지 특징이 있다. 우선 5감
각식은 육체를 구성하는 각각의 감각기관에 의해 인지
된다는 점이다. 육체가 죽으면 5감각식은 일어나지 않
는다. 그런데 제6식은 육체와는 무관한 비물질적 기관인
의근(마음기관)에 의해 인지된다. 의근은 육체의 생사와
무관하기 때문에, 제6식은 육체의 생사와 관계없이 식을
일으킨다. 그다음 특징은 비물질적 기관인 의근이 5감각
기관과 같이 접촉대상 즉 객체를 갖는다는 점이다. 안이
비설신이 그 각각의 대상인 색성향미촉을 접하여 식을
일으키듯이, 의근도 그 대상인 법경을 접하여 식을 일으
킨다는 점이다. 마지막으로, 제7식인 말나식은 제6식의
계속(반복)으로 보기 때문에 6식과 달리 객체를 갖지 않
고, 제8식인 아뢰야식도 사실상 어떤 식을 일으키는 것
이 아니라 앞에서 일어나 식을 저장하는 영역이기 때문에
또한 객체를 갖지 않는다는 점이다.

5감각식은 외부의 객체 내지는 대상으로부터 인지되는 1차적인 식으로 이를 전5식(前5識)이라 한다. 한편, 제6식(의식 또는 법식), 제7식(말나식) 및 제8식(아뢰야식)은 1차적인 식에 의해 생성된 마음정보를 인지하거나 그 마음정보를 저장하는 식으로 이를 후3식(後3識)이라 한다.

우리는 머리(뇌)가 생각한다고 믿는다. 많은 신경과학자도 의식이나 마음이 뇌로부터 나온다고 믿는다. 뇌가 의식이나 마음을 생성시키는 기관이라 한다. 의식이나 마음은 뇌의 활동에 의하여 얻어지는 뇌의 부산물 또는 부수적인 현상이라 한다. 뇌가 죽으면 마음이나 의식은 사라지고 따라서 뇌가 마음이나 의식의 모든 것이라고 믿는다. 뇌를 연구하는 의학이나 신경과학 분야에서는 뇌가 생각한다는 것을 입증하고자 부단히 노력하여왔다. 사고과정 중에 나타나는 뇌에서의 변화를 연구함으로써 뇌가 사고의 주체라는 것을 증명하고자 하였다.

뇌가 생각이나 의식의 주체라는 가설은 19세기 심리학 분야에서 비판받기 시작하였다. 19세기 미국의 심리학자 윌리엄 제임스는 마음과 뇌의 상관관계에 대하여,

첫째, 뇌가 정신적 현상들을 산출하거나, 둘째, 뇌는 단지 그 현상들을 방출하거나 허락하는 작은 역할만을 하거나, 셋째, 빛이 프리즘을 비출 때 색의 스펙트럼을 전달하는 것처럼 뇌는 그 현상들을 전달만 하는 것일 수 있다고 주장한 바 있다. 이에 대하여 미국의 명상가 앨런 월리스는 유물론의 편견을 가진 대부분의 인지과학자들이 확실한 과학적 증거가 없음에도 불구하고 '뇌가 정신적 현상들을 산출한다'라는 첫 번째 가설이 옳다고 주장하는 점에 대하여 비판한다.

뇌가 스스로 생각하고 마음이 뇌로부터 나온다고 주장하는 서양인들은 사고 중에 뇌가 활성화된다는 물리적인 증거를 제시한다. 그러나 이러한 주장도 주로 견고한 물적 대상에 대해 편견을 가진 서양인들의 관점으로부터 비롯된 것이라고 미국의 명상지도자 디팩 초프라는 반박한다. 서양인은 물질적 기관인 두뇌에서 정신이 생겨나는 것이라고 주장하지만, 그 말은 물리적 장치인 라디오가 그 속에서 음악이 나오므로 음악의 원천이라고 주장하는 것과 별반 차이가 없다고 초프라는 반박한다. 그는 생각이나 사고 중에 두뇌가 활성화되는 것은 물론 중요하게 보일 수 있지만, 라디오도 방송 중에는 활성화된 다고 반박한다.

육체의 일부를 구성하는 뇌는 5감각식과 관련이 있다. 5감각식은 각각의 감각기관인 안이비설신에서 출발하여 신경계 및 뇌에서 일어난다. 그런데 의식이나 생각은 의근에 의한 정신 작용이다. 그렇다면 뇌는 의식이나 생각과는 관계가 없다. 의식이나 생각이 뇌에서 일어나지 않는다는 것을 입증하는 대표적인 사례가 임사체험이다. 임사체험을 연구한 미국 의사 롬멜은 심장이 더 이상 운동하지 않는, 즉, 규칙적인 박동 대신에 아주 혼돈스런 연축 곡선을 그리는 상태로 들어간 환자 344명을 연구했다. 그들 중 다시 소생한 이들을 상대로 대화를 나눈 롬멜은 약물이나 마취제가 그들의 진술에 영향을 미치지 않는다는 사실을 밝혀냈다. 그리고 가장 놀라운 사실은 뇌파가 정지한 시간에도 의식은 살아있었다는 점이었다. 두뇌가 죽으면 곧 죽음이라는 물질주의자들의 이론을 단숨에 무력화시켰다.

뇌는 스스로 어떤 객체나 대상을 인지하지 못한다. 어떤 색성향미촉도 안이비설신을 거치지 않고 뇌가 직접

인지할 수 없다. 다만, 뇌는 생각에 따라 육체의 각 장기나 부분을 제어하는 역할을 한다. 한 예로. 매실을 생각하면 입안에는 금방 침이 고인다. 뇌가 스스로 생각할 수 있다면 매실에 대한 생각만으로 침을 분비시키는 수고로운 일을 해서는 안 된다. 실제로 매실을 먹는 상황에서 침이 분비되는 것은 뇌의 명령에 따른 생리적 현상이다. 설근(혀)을 통하여 실제 상황을 인지한 뇌가 침을 분비토록 명령한 것이다. 하지만 생각만으로 침을 분비시킨다는 것은 불필요한 일이고 매우 비효율적인 일이다. 뇌가 스스로 생각할 수 있는 기관이라면, 실제상황이 아니라 상상에 불과하다는 것을 판단할 줄 알아야 하고, 그렇다면 침샘으로 하여금 침을 분비하도록 해서는 안 된다.

뇌는 생각이나 마음현상에 따라 육체의 각 장기나 부분을 제어하는 컨트롤 타워에 불과하다. 마음현상이 뇌에 영향을 미치고 뇌는 그 영향을 받아 육체에 명령을 내리는 것이다. 마음현상의 상태에 따라 뇌는 육체로 하여금 심장박동, 혈압변화, 호흡변화, 얼굴색변화, 신체떨림현상, 손끝상태(필체상태) 등과 같은 직접적인 영향을 미치게 한다. 일어난 마음현상에 따라 뇌는 엔돌핀과 같은 유익한 호르몬을 분비하게도 하고, 아드레날린과 같은 해로운 호르몬을 분비하게도 한다. 스트레스는 뇌로 하여금 글루코코르티코이드를 방출하도록 해서, 해마(hippocampus)에 있는 세포를 죽일 수도 있다.

제9장

사람보다 발달한 개의 의근(마음기관)

반려동물을 키워 본 사람들은 강아지나 고양이가 주인이 무엇을 생각하는지 아는 능력을 가지고 있다는 주장에 쉽게 동의할 것이다. 예를 들어 주인이 산책을 가야겠다고 생각하면 강아지는 이리저리 뛰며 기분 좋은 행동을 한다. 고양이도 마찬가지이다. 주인이 수의사에게 데려가야겠다고 생각하면 고양이는 어떻게 아는지 어디론가 사라져서 나타나지 않는다고 한다. 이를 실험적 연구로 입증한 과학자가 영국의 루퍼트 쉘드레이크이다.

생물학자이자 명상 사상가였던 쉘드레이크는 강아지와 고양이가 실제 그들의 주인의 마음을 읽을 수 있는지 알기 위해 아주 정교한 기획 아래 여러 가지 연구를 실시

했다. 한번은 런던 지역의 65명의 수의사에게 전화를 걸어 고양이를 키우는 사람들이 진료를 예약하고는, 정작 예약 일에 예약을 취소하는 사례가 있는지를 물었다. 65명 중 64명이 그런 일은 아주 흔하다고 대답했고, 나머지 한 사람은 취소 사례가 많아서 아예 고양이 진료는 예약을 받지 않는다고 대답했다.

쉘드레이크는 반려견을 대상으로 하나의 실험을 기획했다. 그의 실험은 강아지는 주인이 산책을 나가려고 하면 기뻐서 날뛴다는 사실에 착안한 것이었다. 물론 주인이 산책을 가야겠다고 생각하는 순간, 강아지가 좋아하는 반응을 보였을지라도, 늘 같은 시간대에 가는 산책이거나, 아니면 주인이 산책을 나갈 채비를 하는 것을 강아지가 알아차렸다면 별 의미가 없을 것이다. 그래서 그는 강아지들을 주인들과는 완전히 분리되어 주인들이 보이지 않는 건물 밖에 따로 있게 하고, 주인들에게는 무작위로 선택한 시간대를 배정하고는 그들에게, '5분 후에 강아지들을 데리고 산책을 가야겠다.'는 생각을 하도록 했다. 이와 동시에 집밖에 주인과 따로 떨어져 있는 강아지들의 행동을 비디오테이프로 녹화했다.

그 결과 반려견 주인들이 약속한 대로 산책을 가야겠다고 생각한 시간대에, 절반 이상의 강아지들이 주인이 나올 때까지 현관문을 긁거나 꼬리를 흔들며 빙빙 도는 등 흥분된 행동을 보였다. 물론 주인들이 산책에 관한 생각을 하기 전에는 그런 흥분된 행동들을 보여주지 않았다. 위 실험은 강아지와 그 주인 사이에 형성된 끈끈한 유대감이 생각의 단계에서 미묘한 연결작용을 만들어 낸다는, 매우 흥미로운 사실을 암시해 준다.

위 실험은 동물도 사람의 생각을 직접 읽을 수 있다는 것을 보여준다. 반려견은 어떻게 주인의 생각을 읽을 수 있는 것일까? 반려견은 건물에 의해 주인과 차단되어 있었기 때문에 눈이나 코와 같은 감각기관에 의해 주인의 생각을 읽을 수는 없다. 그렇다면 반려견은 의근으로 주인의 마음정보를 읽은 것이다.

만일 반려견 대신에 동일한 조건에서 사람을 대상으로 실험했다면 아마 같은 결과를 얻지 못하였을 것이다. 이는 반려견이 사람보다 더 발달한 의근을 가지고 있다고 할 수 있다. 반려견이 어떻게 사람보다 더 발달된 의근을 가질 수 있는 것일까? 개나 고양이는 자기 주인한 테 올인한다. 배고플 때 먹을 것을 주고 몸이 아플 때 잘 보살펴주고 외부의 위험이나 위협으로부터 보호해준다. 다른 것에 신경 쓸 겨를이 없다. 주인은 자기 자신만큼이 나 소중하고 절대적인 존재다. 그런 자기 주인에게 마음 의 사이클을 맞추지 않는다는 것은 바로 중대한 위협이 고 위험일 수 있다. 주인의 마음을 향한 주인의 마음을 읽기 위한 마음기관이 발달하지 않을 수 없는 것이다.

인간은 더 복잡하다. 개나 고양이처럼 올인할 주인이 없다. 그리고 각자가 열심히 자기 저장식에 저장된 정보 에 따라 자신만의 생각의 사이클을 돌리고 있다. 저장식 에는 언어와 문자를 수단으로 학습하고 경험하면서 취 득한 엄청난 양의 정보가 저장되어 있다. 자기 자신의 아 상(에고)에 매여 생각의 사이클을 돌리고 있다. 번뇌가 얼 룩지도록 생각의 사이클을 돌리고 있다. 동물에 비하여 엄청나게 빠른 속도로 돌리고 있다.

인간은 의근을 개발하고자 함에 있어서 많은 관심을 보이지 않는다. 우리의 관심사는 오로지 안이비설신을 만족시키기 위한 것이다. 그래서 안이비설신을 만족시킬 색성향미촉을 추구하는데 많은 노력을 기울인다. 우리의 세속적 관심사는 물질적 획득의 추구와 손실의 회피, 자극으로 야기되는 쾌락의 추구와 불쾌의 회피, 칭찬의 추구와 비난의 회피, 명성의 추구와 악평의 회피인데 이들은 모두 안이비설신을 위한 것들이다.

　인간으로 태어나 언어와 문자를 완전히 익히기까지는 상당한 시간이 소요된다. 유치원 과정을 거쳐 초등학교와 중·고등학교를 다녀야 어느 정도 사회에서 필요로 하는 글을 이해하게 된다. 성인이 되어 외국어를 배우고자 한다면 최소한 수년은 공부해야 한다. 그렇게 노력해야 비로소 눈과 귀가 트이기 시작한다. 의근도 마찬가지다. 눈을 훈련시켜 문자를 배우고 귀를 훈련시켜 언어를 배우듯이, 의근도 훈련시켜야 마음정보를 읽을 수 있다. 의근을 훈련시켜 그 성능을 개발하려는 첫 단계가 명상이라 할 수 있다.

제10장

무생물에도 있는 의근(마음기관)

석가모니 붓다는 금강경에서 9류 중생, 즉 9가지 중생을 설한다. 그중에는 동물에 해당하는 약란생, 약태생, 약습생, 약화생의 4류 중생과, 식물, 무생물, 형체가 없는 존재를 포함하는 약유색(若有色), 약무색(若無色), 약유상(若有想), 약무상(若無想), 약비유상비무상(若非有想非無想)의 5류 중생이 있다.

4류 중생에서, 약란생은 닭이나 새와 같이 알에서 태어나고, 약태생은 사람이나 개, 고래 등과 같이 태에서 태어나고, 약습생은 벌레와 같이 습한 데에서 자연발생적으로 생겨나고, 약화생은 나방과 같이 번데기가 변해서 생겨나는 중생이다. 이들 4류 중생들은 모두 의근(마음기관)을 갖고 있어서 의근에 의한 식을 일으킬 수 있다.

5류 중생에서, 약유색은 식물이나 무생물과 같이 형체가 있는 존재이고, 약무색은 영혼과 같이 형체가 없는 존재이고, 약유상은 형체가 없지만 인지능력이 있는 존재이고, 약무상은 형체도 없고 인지능력도 없는 존재이고, 약비유상비무상은 인지능력이 있는 것도 아니면서 동시에 인지능력이 없는 것도 아닌 존재이다. 5류 중생을 모두 이해한다는 것은 쉬운 일이 아니지만, 우리의 1차적 관심사는 4류 중생과 식물, 무생물 정도이다.

4류 중생은 인간을 비롯하여 미물을 망라하지만 몸을 갖는 생명체이기 때문에 의근에 의해 식을 인식한다. 5류 중생의 약유색에 속하는 식물은 4류 중생에 비하여 낮은 수준의 의식을 갖는다. 살생하지 말라는 것은 일반적으로 4류 중생에 한정된다. 식물도 생명이 있고 의식이 있지만 4류 중생에 비하면 무시할 정도로 미미하다. 하지만 식물도 빛, 소리, 냄새에 따라 반응할 수 있는 형체[身]와 의근이 있다. 햇빛을 따라 가지가 뻗어나가고, 음악을 틀어주면 성장이 촉진된다는 것은 이미 밝혀진 지 오래다.

캐나다 맥길 대학의 생물학자 버나드 그래드 교수는 여러 개의 화분에 보리 씨앗을 심고 서로 다른 물병의 물을 주면서 보리가 자라는 모습을 관찰하였다. 물병은 서로 다른 사람이 30분간 두 손으로 잡고 있다가 화분에 물을 주었다. 하나는 물을 좋아하는 자연주의자가, 다른 하나는 정신병자가, 또 다른 하나는 아무도 잡고 있지 않았다. 결과는 자연주의자가 잡고 있던 물을 준 보리가 가장 많이 자랐고, 그다음이 아무도 잡지 않은 물이었고, 가장 작게 자란 보리는 정신병자가 잡고 있던 물을 준 것이었다.

두 개의 유리병에 밥을 똑같이 넣고, 하나에는 '사랑', '감사'라는 딱지를 붙여놓고, 다른 하나에는 '증오', '망할 놈'이라는 딱지를 붙여놓았다. 한 달 후 살펴보니 하나는 밥이 잘 발효된 누룩으로 변해 있었지만, 다른 하나는 곰팡이가 슬어 검게 썩어 있었다.

물리학자들은 이러한 현상들을 미립자들의 특성이라고 설명한다. 독일의 노벨 물리학상 수상자인 하이젠베르크는 미립자들을 '무한한 가능성의 알갱이들'이라 하면서, '미립자들은 우주의 모든 정보와 지혜, 힘을 갖고 있고 모든 걸 알고 있다. 그래서 동물이나 식물, 물과 바위 등 어떤 것으로든 현실화될 수 있는 모든 가능성을 가진 마법의 알갱이들이다.'라 하였다. 미립자들은 불가사의하게도 거리에 전혀 영향을 받지 않고, 단 한 번이라도 인연을 맺었던 미립자들은 바로 곁에 있든, 우주 반대편에 떨어져 있든 아무 상관 없이 빛보다 빠른 속도로 영원히 서로 정보를 주고받는다는 것이 과학자들의 설명이다. 양자 물리학에 의하면, 입자는 무한한 가능성을 가진 것으로 모든 우주 정보와 소통한다고 한다.

위의 현상들은 현대 물리학에 있어서 원자적 또는 아원자적 세계의 영역에 있다. 그러나 신비주의에 있어서는 위 현상들은 감각 세계를 초월한 의식의 비일상적인 상태다. 신비주의자들은 종종 거기에서 각기 상이한 핵심을 가진 의식이 조화를 이루어 전체로 통합되는 좀 더 고차원적 경험에 관하여 이야기한다. 현대 물리학에 있어서도 이와 유사한 상황이 존재하는데, 이는 4차원적 시공(時空) 형태론이 발전되어 3차원적인 일상 세계에서는 상이한 범주에 속하는 개념과 관찰을 통일한다. 두 영역에 있어서 다차원적인 경험들은 감각의 세계를 초월하며,

따라서 일상적인 말로 표현한다는 것은 거의 불가능하다고 한다.

불교에서는 일체중생 개유불성(一切衆生 皆有佛性)이라 하여 모든 중생이 불성, 즉 부처의 성품을 갖는다고 한다. 4류 중생은 물론 식물이나 무생물을 포함하는 9류 중생이 모두 불성을 갖는다. 유식론으로 설명하면, 식물이나 무생물도 마음정보를 읽을 수 있는 의근을 구비하고, 의근에 의해 의식작용이 진행된다고 할 수 있다. 보리, 물, 밥이 마음정보에 따라 각기 다른 현상을 나타낸 것이라 할 수 있다.

제11장

마음챙김(Mindfulness)

　우리는 살아가면서 마음에 관하여 직간접적으로 많은
말들을 듣고, 마음이나 정신과 같은 비물질 세계의 중요
성도 알게 된다. '네 마음을 보라, 모든 일은 마음먹기에
달려있다, 진정한 행복은 마음속에 있다, 마음의 눈을 떠
라, 마음의 문을 열어라, 모든 것은 마음이 짓는 것이다
(일체유심조: 一切唯心造), 중요한 것은 눈으로 볼 수 없고
마음으로 볼 수 있단다' 등등의 말을 듣고 마음을 단속
하거나 수행을 하기도 한다. 마음챙김(mindfulness)의 시
작이라 할 수 있다.

　마음챙김은 불교의 8정도(正道)의 하나인 정념(正念)
에 해당한다. 불교에는 3법인(三法印)이라 하는 3가지 중

요한 교의가 있는데, 일체개고(一切皆苦), 제행무상(諸行無常), 제법무아(諸法無我)가 그것이다. 그중에서 일체개고는 이 현실세계가 모두 고통[苦]이라고 하는 현실인식에서 출발하여, 고통의 원인이 인간 자신의 마음속에 있는 자기모순에 있다고 하는 교의(敎義)다. 나아가 고통으로부터 벗어날 수 있는 방법도 제시하는데 그것이 바로 8정도(八正道)다. 8정도는 바른 견해(正見), 바른 사유(正思), 바른 말(正語), 바른 행동(正業), 바른 생활(正命), 바른 노력(正精進), 바른 마음챙김(正念), 바른 정신집중(正定)이다. 8정도를 행함으로써 고통으로부터 벗어날 수 있다고 가르친다.

정념(正念)은 현재(今)의 마음(心)을 올바로 각성하는 (awareness) 것이다. 현재 일어나는 마음을 알아차리는 것이다. 마음은 마음기관이 마음정보를 만나 마음현상을 일으키는 것인데, 정념 즉 마음챙김은 일어나는 마음현상을 바라보는 것이다. 우리가 마음이라 일컫는 마음현상은 접하는 마음정보에 따라 시시각각으로 변하면서 일어난다. 마음정보에 따라 기쁘고 슬프고 좋고 나쁘고 화나고 어리석은 마음 등 모두 51가지 마음현상이 일어나는 것이다.

마음현상을 바라봄으로써 마음을 챙기라는 이유는 마음현상에 이끌려가는 어리석은 삶을 살지 않기 위함이다. 예를 들어, 불쾌하고 화가 난 상황에서 그 마음현상을 각성하지 못하면 그 마음현상은 욕설이나 폭행과 같은 행동으로 이어진다. 화가 났을 때 화가 났다는 사실을 인식하는 것은 쉽지 않다. 화가 났다는 사실을 인식하기 전에 그 화에 끌려가기 때문이다. 화가 난 나머지 그다음의 물리적 행동을 유발한다. 하지만, 화난 마음현상을 자각한다면 그 현상은 시간이 지남에 따라 사라지게 된다. 화난 마음현상이 지속된다 하더라도 그 현상을 계속하여 바라보면 결국에는 사라진다. 물론 화난 정도에 따라 사라지는 시간에 차이가 있겠지만, 언젠가는 반드시 사라지게 되어 있다.

일어났던 마음현상이 반드시 사라지는 것은 제행무상(諸行無常)의 원리다. 제행무상은 영원한 것은 아무것도 없다는 불교 진리의 하나다. 우주를 비롯한 삼라만상의 물리적 세계는 항상 태어나고, 머물다가, 파괴되어, 멸하는 성주괴공(成住壞空)을 반복한다. 견고한 것처럼 보이지만 태어나고 만들어진 것은 반드시 멸하게 되어 있다. 인생이 생로병사의 과정을 반복하는 것도 제행무상이다. 마음현상도 마찬가지다.

마음챙김은 견성(見性)과 같은 의미다. 견성은 일어나는 성품[性]을 보는[見] 것이다. 성품은 마음[心]이 일어나는[生] 품격으로, 성(性)은 곧 마음현상[心]이 일어나는[生] 것이다. 결국 견성이란 일어나는 마음현상을 각성하는 것이다.

마음챙김은 마음현상을 바라보면서 각성하는 것 외에 일어나는 생각도 바라보아야 한다. 생각은 마음기관이 아뢰야식(저장식)에 저장되어 있는 마음정보를 읽는 것이다. 무한한 양의 마음정보를 끊임없이 읽음으로써 생각의 사이클을 돌리는 것이다. 사람은 하루에도 6만 가지 생각을 한다고 한다. 무슨 생각을 하고 있는지도 자각(自覺)하지 못하면서 계속해서 생각하고 있다. 일어나는 생각을 자각하게 되면 생각은 멈춰지거나 그 속도가 느려진다.

생각은 제7식인 분별식에서 일어난다. 일어나는 생각은 생각에 머무르지 않고 계속하여 분별한다. 자타(自他), 선악(善惡), 호불호(好不好), 시비(是非), 흑백 등과 같이 2분법적으로 분별하고, 분별하면서 대립하고, 대립하면서 갈등한다. 그래서 분별하지 말라 한다. 생각은 하되, 분별하지 말고, 생각을 자각하면서 올바른 사유[正思]를 하라 한다. 나아가 사유나 분별마저도 끊어져 온갖 생사번뇌에 대한 생각과 분별이 소멸된 최고 행복의 경지에 이르라고 한다. 그런 경지의 마음 상태를 열반적정(涅槃寂靜)이라 하는데, 일체개고, 제행무상, 제법무아와 함께 4법인(四法印)이라 한다.

그런데 일어나는 생각이나 마음현상을 자각한다는 것은 생각만큼 쉽지 않다. 사람은 고정된 대상에 오직 2~3초밖에 주의를 집중할 수 없다고 인지과학자들은 주장한다. 생각이나 마음현상을 자각하는 것도 이처럼 쉽지 않다. 일어나는 마음현상을 바라보겠다고 굳게 마음먹고 노력하지만, 옆에서 다른 빛줄기[色]가 날아들거나 다른 소리[聲]가 들려오면 우리는 금방 그 빛줄기나 그 소리에 대한 생각의 사이클이 작동하기 시작한다. 자각이 순간만이라도 단절되면 생각의 사이클은 그 틈 사이로 밀물처럼 밀고 들어온다. 자각은 이처럼 지속하기가 어렵기 때문에 순간적인 현상으로 끝나기 쉽다. 그런 의미에서 자각식을 찰나식이라고 한다.

자각을 지속하기 위하여 여러 가지 방법들이 사용된다. 대표적인 것으로 호흡관법, 위파사나, 간화선으로 대표되는 참선이 있다.

호흡관법은 들숨과 날숨에 집중함으로써 일어나는 마음현상을 각성하는 수행방법이다. 호흡은 생명 그 자체이다. 호흡을 멈춘다는 것은 바로 죽음을 의미한다. 그래서 호흡은 정신수양뿐만 아니라 육체건강을 위해서 태고적부터 매우 중요한 수행의 대상이었다. 우리는 자율신경을 임의로 조절할 수는 없지만 호흡을 통해서 어느 정도 조절이 가능하다. 호흡은 정신 상태를 반영한다. 마음이 평화롭고 조용하면 호흡은 규칙적이고 길어진다. 그러나 성냄, 질투, 공포와 같은 부정적 상념이 일어나면 호흡은 더 거칠어지고 빨라진다. 그래서 호흡에 대한 관찰은 현재의 순간에 대한 각성이다. 호흡을 관찰하면 다른 생각들이 끊어진다. 생각의 사이클을 멈추게 할 수 있다. 의식없이 지나쳤던 부분을 또렷하게 의식할 수 있다. 그래서 호흡은 의식과 무의식의 양 측면을 동시에 가지고 있고 호흡에 대한 관찰은 무의식을 연결하는 다리가 된다고도 한다.

위파사나(vipassana)는 육체적 움직임은 물론 모든 정신적 작용을 주시하여 자각하려는 수행법이다. 즉 신수심법(身受心法)을 항상 주시하여 자각하라 한다. 신(身)을 주시하라는 것은 몸의 움직임을 주시하여 알아차리라는 것이다. 우리는 걸을 때 팔을 움직이고 다리를 움직인다. 그런데 우리는 팔다리의 움직임을 의식하지 못한다. 일종의 습관처럼 움직이는 무의식적인 행위다. 우리의 삶의 대부분이 이렇게 우리가 의식하지 못하는 상태에서 진행된다. 이것은 서양 의식철학에서의 좀비(zombie) 현상과 유사하다. 그래서 육체의 모든 움직임을 자각하여 항상 깨어있으라 한다. 수(受)를 주시하라는 것은 5감각을 주시하라는 것이고, 심(心)을 주시하라는 것은 마음현상을 주시하라는 것이며, 법(法)을 주시하라는 것은 마음기관이 마음정보를 접하여 일어나는 생각을 주시하라는 것이다.

참선법의 선(禪)은 단지[單] 주시하여[示] 알아차리라는 의미인데, 그 알아차림이 끊임없는 생각과 분별로 인해 쉽지 않기 때문에 화두를 방편으로 삼는 수행법이다. 화두는 공안(公案)이라고도 하는데 물질세계인 유위법(有爲法)의 세계에서는 풀 수 없는 역설적인 문구나 물음이다. 예를 들어, '한 손으로 손뼉을 칠 때 나는 소리를 들어보라'라든지, '선(禪)이 무엇이냐'라는 질문에 '한 치 거북이 털의 무게가 일곱 근'이라는 답과 같은 것이 화두다. 이처럼 풀리지 않는 물음을 풀고자 집중할 때 모든 생각과 분별을 끊을 수 있고 급기야는 그 화두를 타파하여 깨달음을 얻을 수 있다는 수행법이다.

제12장

8식으로부터 얻는 4가지 지혜
— 전식득지(轉識得智)

　인간은 생각도 중요하지만 생각을 멈추고 자신을 바라보는 자각 또한 중요하다. 자각은 자신의 생각을 바라보고 그 생각으로부터 일어나는 자신의 마음현상을 바라보는 것이다. 자각은 흘러가는 물에 댐을 쌓는 일과 같다고 한다. 우리는 끊임없이 흘러가는 물에 모든 마음과 정신을 빼앗긴다. 목적 없이 흘러가든 목적을 갖고 흘러가든 흘러가는 물에 자신을 담가버린다. 그리고 흘려가는 물에 휩쓸려 떠내려간다. 끊임없이 돌아가는 생각의 사이클에 정작 자신을 잃어버리고 있다. 목적이 있든 없든 생각의 사이클을 분주히 돌리며 그 생각 속에 자신을 묻어버리고 있다.

자각은 생각을 멈추고 실재(reality)를 보는 지혜이고 깨달음이다. 실재를 보는 것은 지금 현재 여기서 무슨 일이 일어나는가를 아는 것이다. 지혜를 통해서 진리를 깨닫는 것이다. 지혜는 사물의 이치를 깨닫고 사물을 정확하게 처리하는 정신적 능력이다. 지혜는 지식, 경험, 이해, 상식, 통찰 등을 활용하여 생각하고 행동하는 능력이다. 어떤 특정의 환경에서 가장 적절한 행동을 할 수 있는 능력이다. 올바른 결과를 얻기 위하여 취해야 할 행동에 대하여 최적의 판단을 내리게 할 수 있는 진리를 발견하는 기질이다. 그래서 인간에게는 지혜가 강조된다.

유식론에서는 8식으로부터 4가지 지혜를 얻을 수 있다고 한다. 식으로부터 지혜를 얻는다 해서 전식득지(轉識得智)라 하기도 하고, 4가지 지혜를 얻는다 해서 4지설(四智說)이라고도 한다. 안이비설신에 의한 5감각식으로부터 성소작지(成所作智)라는 지혜를, 제6식(의식 또는 법식)으로부터 묘관찰지(妙觀察智)라는 지혜를, 제7식(말나식 또는 분별식)으로부터 평등성지(平等性智)라는 지혜를, 제8식(아뢰야식 또는 저장식)으로부터 대원경지(大圓鏡智)라는 지혜를 얻을 수 있다고 한다.

성소작지는 전5식 즉 5감각식으로부터 얻을 수 있는 지혜다. 5감각식은 색성향미촉으로 이루어진 물질세계로 부터 인식되는 의식이다. 성소작지는 자기와 타인의 미덕과 악덕을 올바로 식별함으로써 중생의 행복과 안녕을 실현시킬 수 있는 지혜라고 설명한다. 성소작지는 '이룬[成] 만큼 거둔다는[作]'는 것을 아는 지혜다. 물질세계는 자연법칙이 지배하는 세계이다. 콩 심은데 콩 나고, 팥 심은데 팥 나는 세상으로, 뿌린 만큼 거두게 되어 있다. 따라서 허황된 생각이나 일확천금을 바라는 마음 등은 성소작지의 지혜가 없기 때문에 일어나는 것이다. 도둑질을 하고 감옥에 가거나 뇌물을 받고 감옥에 가는 것도 마찬가지다. 색성향미촉에 대한 의식(전5식)을 올바로 자각할 때 성소작지의 지혜를 얻을 수 있고, 그 지혜로써 중생들을 이익되게 하고 교화시킬 수 있다고 한다.

묘관찰지는 의근에 의해 인식되는 제6식(법식)을 통하여 얻는 지혜다. 이 지혜를 얻게 되면 제법의 일반적인 특성과 고유의 특성을 분별할 수 있고, 중생으로 하여금 축복과 환희를 얻게 할 수 있다고 한다. 제6식은 의근이 법경을 접하여 일어나는 비물질 세계에서의 의식이다. 묘관찰지는 비물질 세계에서의 오묘한 세계를 관찰할 수 있는 지혜다. 돌부처가 눈물을 흘리고 석녀(石女)가 아이를 배는 것을 볼 수 있다. 사람이 하늘을 날아다니고 물 위를 걸어 다니는 것도 볼 수 있다. 물질세계에서의 5감각식으로는 불가능한 일이지만, 의근으로 보는 제6식의 세계에서는 가능한 일이다. 의근으로 인지하는 꿈속에서와 같은 의식의 세계다. 묘관찰지는 중생에게 나타날 수 있는 지혜가 아니고 부처님의 수용신(受用身)이나 보신(報身)에 나타나는 지혜로서, 정토에서 보살들을 위해 설법하는 작용을 하는 지혜라고 설명하기도 한다.

평등성지는 제7식으로부터 얻을 수 있는 지혜로서, 자기와 모든 유정물(sentient beings)이 완전히 평등하다는 것을 깨닫게 된다는 지혜다. 평등성지의 지혜로써 제법이 평등하다는 것을 깨달을 수 있다. 제7식은 생각식 또는 사유의식이라고도 하는데, 여기서는 끊임없이 생각하면서 분별한다. 대립하고 갈등하는 분별을 멈추면 모두가 평등하다는 것을 알 수 있고, 궁극적으로 나와 모든 유정물이 평등하다는 것을 깨달을 수 있다. 중생이 부처이고 부처가 중생이라는 말은 분별을 멈춘 평등성지의 지혜를 깨달은 자가 할 수 있는 말이다.

대원경지는 제8식인 아뢰야식을 올바로 자각할 때 얻어지는 지혜다. 아뢰야식에 저장된 마음정보가 모두 소멸되어 더 이상 번뇌망상이 일어나지 않고, 있는 그대로의 실상을 볼 수 있는 지혜다. 대원경지는 큰 거울이 사물을 있는 그대로 비추는 것과 같이 모든 사물에 대한 실상을 있는 그대로 볼 수 있는 지혜다. 거울은 있는 그대로의 모습 즉 실재를 비춘다. 그러나 사물이나 관념이 우리의 마음을 통과하면 실재를 비추지 못하고 편견, 선입견, 분별망상으로 물들은 오염된 사물이나 오염된 관념을 비추게 된다. 깨달은 성자만이 누릴 수 있는 지혜라 한다.

성소작지 단계에서는 산은 산이고 강은 강이다. 묘관찰지 단계에서는 산은 산이 아니며 강은 강이 아니다. 평등성지 단계에 이르면, 산이 강이고 강이 산이다. 대원경지에 이르면 산이 산이고 강이 강이라는 실재를 본다. 대원경지 단계에서의 산이나 강은 성소작지 단계에서의 산이나 강과는 다른 차원이다. 성소작지 단계에서의 산이나 강은 개인적인 견해와 번뇌로 오염되어 있다. 하지만 대원경지 단계에서의 산이나 강은 분별도 없고 오염되지도 않은 있는 그대로의 실재인 것이다.

제2부

꿈 의식

제13장

신비스러운 꿈의 세계

　우리는 생의 3분의 1을 잠에 소비한다. 잠은 육체적
건강은 물론 정신적 건강을 위해서 매우 중요하다. 프로
이트는 잠이 본능적 욕구에 의한 것이라는 종래의 수동
적 관점에서 벗어나, 고유의 법칙을 지닌 의식 상태로서
능동적인 심리작용이라 하였다. 프로이트는 잠이 주기적
인 생물학적 요구에 의한 것이고, 내부에서 생성된 고유
의 리듬을 지니고 있지만, 운동 및 감각기능은 상실한다
고 하였다. 잠은 육체적인 측면 즉 의학이나 생리학적인
측면에서 중요하지만, 의식적인 측면에서 중요한 것은
수면 중에 일어나는 꿈이다.

우리는 잠을 자는 동안에 꿈을 꾼다. 꿈을 꾼다는 것은 무엇인가를 인식하는 것이다. 안이비설신이 기능을 하지 않아 육체의 감각기능이 잠시 멈춰 있는데 무엇인가를 보고 듣고 인지한다. 한편, 무엇인가를 인지하지만 꿈을 꾸고 있는 동안에는 대부분 꿈을 꾼다는 것을 알아차리지 못하고, 꿈속의 상황을 마치 견고한 현실로 받아들인다. 그렇기 때문에 꿈을 꾸면서 비명도 지르고 식은땀도 흘리게 된다. 잠을 깨야 비로소 꿈으로부터 빠져나와 '현실'이라는 세계로 돌아온다.

꿈에 관한 현대 과학적 사고의 뿌리는 고대에서도 찾을 수 있다. 아리스토텔레스는 꿈이란 결코 신성한 존재의 계시가 아니라 그저 '잠을 자면서 생각하는 것'이라고 했다. 고대 인도의 철학 경전인 『우파니샤드』에는 말이나 전차와 같이 꿈에 등장하는 물건은 꿈꾸는 자가 만들어냈으며 그 사람의 내적 욕망을 표현한다고 한다.

프로이트는 1900년에 출간된 『꿈의 해석』에서 검열 기능을 맡은 자아가 각성 상태에서 철저히 억압했던 잠재의식적 욕구에서 꿈이 생겨난다고 주장했다. 잠재의식적 욕구는 주로 성적 충동과 공격 충동으로, 프로이트는 그것을 리비도적 충동이라 하였다. 꿈은 욕구와 두려움이 실제로 표출되고 있다는 느낌을 주는 시각적 이미지로 가득한 상징적이고 뒤죽박죽인 이야기라 하였다. 그래서 프로이트는 꿈의 해석을 '정신의 무의식적 활동을 이해하는 왕도'로 여겼다.

한때 프로이트의 제자였던 칼 융은 꿈에 대한 입장이 서로 달라 그와 결별하게 되는데, 융은 잠재의식적 욕구 외에도 또 다른 의미가 있다고 주장하면서, 그것을 집단 무의식의 산물이라고 하였다. 집단 무의식은 태어날 때부터 갖추어진 인간 고유의 원초적이며 보편적인 특성을 나타내는 무의식적 심층을 뜻한다. 인체가 태아의 꼬리뼈 같은 진화의 흔적을 지니고 있듯이, 융은 '신체와 마찬가지로 정신 역시 역사 없는 산물일 수 없다.'라는 이론을 제시했다. 집단 무의식은 꿈은 물론이고 신화, 동화, 종교의식에서 오랜 세월 되풀이되어 등장하는 원형(archetype)을 통해서 표출된다고 융은 주장했다. 그는 원형적 꿈은 강렬한 정서와 관련이 있으며, 인생의 위기나 변화의 시기에 더욱 자주 꾸게 된다고 하였다.

정신분석학적으로만 연구되던 꿈은 1950년대에 들어와 수면 중의 급속안구운동(Rapid Eye Movement (REM): 수면기에 들어서면 잠든 사람의 눈동자가 감긴 눈꺼풀 밑에서 좌우로 빠르게 움직이는 운동)이 입증되면서 신경생리학적 차원에서 연구되기 시작하였다. 그들은 꿈이 REM 현상이 나타나는 수면 단계에서 주로 일어나는 것으로서 등장인물과 줄거리가 완비된 환각적인 이야기라 하기도 하고, 또한 수면 단계에서 일어나는 모든 정신활동이라고도 하였다.

1960년대는 EEG(electroencephalogram: 뇌파도)나 REM을 중심으로 한 꿈의 신경생리학적 연구가 진행되어 급기야는 꿈에 대한 프로이트나 융의 이론을 부인하기에 이르렀다. 이 당시 학자들은 꿈을 꾸고 있다는 사실을 인식하는 판단력과 꿈을 정확히 기억하는 능력이 제한되는 이유를 잠에서 깨어나기 전까지는 그 기능에 필요한 신경전달물질이 부족하기 때문이라고 하였다. 나아가 융이 내세운 집단 무의식과 원형적 상징도 과학적 개념이 아닌 일종의 종교적 개념으로 간주했다.

뇌가 생각을 한다고 믿어온 인류는 꿈도 뇌가 꾸는 것이라고 믿고 있다. 꿈을 꾸는 동안 급속안구운동이 일어나는데 이러한 운동은 바로 뇌의 명령에 의한 것이고 따라서 뇌가 꿈을 꾸고 있다고 한다. 과학은 꿈꾸기가 절정에 이르는 수면 단계에 최고조로 활성화되는 영역이 대뇌변연계라는 것도 밝혀냈다. 대뇌변연계는 정서가 부과된 기억 및 행동을 생산하는 부위다. 따라서 뇌가 꿈 줄거리에 짜 넣기 위해 우선적으로 선택하는 기억은 대개 정서적으로 충전된 기억이라 한다. 100조 개가 넘는 뉴런과 시냅스에서 매우 다양한 신경회로를 구성하면서 모든 정보를 제공하고 동시에 꿈과 스토리를 만들어 낸다는 것이 오늘날 과학자들이 믿고 있는 이론이다.

유식론에 의하면, 꿈은 의근이 아뢰야식에 저장된 마음정보를 읽는 것이다. 식은 6감각기관이 각각의 대상(6경계)을 접하여 일어난다. 수면 중에는 안이비설신 5근이 잠시 기능을 멈추는데, 유일하게 기능을 멈추지 않는 의근이 아뢰야식에 저장된 정보를 접촉하여 무엇인가를 보고 듣고 인지하는 것이다. 자기의 아뢰야식에 저장된 정보뿐만 아니라 다른 사람의 아뢰야식에 저장된 정보도 읽는다. 살아있는 사람뿐만이 아니라 조상신이나 수호신과 같은 영계 중생의 아뢰야식에 저장된 정보도 읽는다.

가만히 눈을 감고 뉴욕의 자유의 여신상이나 파리의 에펠탑을 머릿속에 떠올려 보면, 자유의 여신상이나 에펠탑의 이미저리(imagery)가 머릿속에 떠오른다. 육안으로 보는 것도 아닌데 그 이미저리가 떠오른다. 눈을 감고 돌아가신 부모님의 음성을 머릿속에 떠올려 보면, 어머니나 아버지의 음성이 들려온다. 귀로 듣는 것도 아닌데 그 이미저리 목소리가 들려온다. 모두 의근으로 보고 듣는 것이다. 안이비설신의 기능을 인위적으로 멈춘 이러한 상상은 수면 중에 안이비설신의 기능이 멈춘 꿈의 원리와 같다.

안이비설신으로 외부 경계인 색성향미촉을 접촉하여 인식하는 현실과는 달리, 순수하게 의근만으로 마음정보(법경)를 접촉하여 인식하는 꿈은 우리 삶의 또 다른 모습이다. 꿈으로 표현되는 무의식은 절대 지(知)의 세계이며, 그와 같은 초개인적 무의식은 우주심과 연결되어 다차원적인 세계에 있는 정보의 바다와 교통하는 수신기

역할을 한다. 꿈은 무의식의 표현이며, 그 무의식은 절대지(知)의 세계에서 출발한다. 꿈의 세계는 환상적인 것이지만, 아직까지도 많은 부분이 과학에 의해 밝혀지지 않은 신비한 영역으로 남아 있다.

제14장

계시를 주는 꿈

　러시아의 화학자 드미트리 멘델레예프는 각각의 원자량에 따라 원소들을 분류하는 방법을 발견하려고 오랜 세월 노력했지만 그 방법을 찾지 못했다. 그런데 1869년의 어느 날 밤 그는 오랜 시간 이 문제와 씨름하다가 지쳐서 잠에 곯아떨어졌다. 그날 밤 그는 꿈속에서 '모든 원소들이 각기 자기가 있어야 할 적당한 자리를 잡고 있는 표'를 보았다. 잠에서 깨자마자 그는 곧바로 꿈에서 본 그 표를 종이에다 옮겨 적었다. 놀랍게도, '그 표 가운데서 잘못된 것은 딱 하나밖에 없었다.'고 한다. 이렇게 해서 근대 화학에서 가장 중요한 원소주기율표가 탄생했다.

1965년 5월의 어느 날 아침, 폴 매카트니는 꿈에서 현악 앙상블의 연주를 들었다. 그 꿈이 너무 생생해 잠을 깬 후에도 아름다운 선율이 뇌리에서 떠나지 않았다. 매카트니는 곧장 일어나서 자신이 들은 선율을 피아노로 연주해 보았다. 그 선율을 꿈에서 들었기 때문에 전에 어디선가 들은 노래일 거라고 생각했다. 그렇게 작곡된 〈예스터데이(Yesterday)〉는 수십 년 동안 미국 라디오에서 가장 많이 방송되었던 곡 중의 하나가 되었다. 매카트니는 그 곡이 자신이 작곡한 '가장 완벽한 곡'이며, 그렇게 특별한 꿈을 꾼 것은 굉장한 행운이었다고 말했다.

재봉틀을 발명한 엘리아스 호웨는 발명 당시 실을 쉽게 통과할 수 있도록 바늘을 재봉틀에 고정하는 문제로 고민하고 있었다. 현실에서 이 문제를 해결하지 못한 호웨는 꿈에서 그 해결책을 얻었다. 꿈에서 얼굴에 물감을 칠한 야만인 전사들이 그를 에워싸고는 죽이려고 했다. 야만인 전사들에게 끌려가면서 그는 그들이 들고 있는 창을 보게 되었다. 뾰족한 창끝에 눈 모양의 갸름한 구멍이 뚫려 있었다. 꿈에서 깨어난 호웨는 재봉틀용 바늘은 꿈에서 보았던 창을 본떠서 바늘의 뾰족한 끝에 바늘귀를 뚫어야 한다는 것을 깨달았다. 그 방법으로 그는 재봉틀을 완성할 수 있었다.

군이 저명한 사람들의 얘기가 아니라 하더라도 우리는 꿈으로부터 어떤 계시를 받고 봉착한 문제를 해결한 얘기를 듣거나 스스로 경험한 경우가 있을 것이다. 수면 중에 의근에 의해 인식되는 꿈은 우리가 현실 세계에서 직면한 문제를 해결하는데 특별한 계시를 준다. 누구나 잠을 자야 하고, 잠을 자는 동안에는 의근이 작동하여 꿈을 꾸기 때문에, 누구나 계시를 받을 수 있다. 그럼 누가 꿈속에서 그런 계시를 받는 것일까?

꿈속에서 특별한 계시를 받기 위해서는 의근이 감응할 수 있을 정도로 현실 세계에서의 부단한 노력과 함께 간절한 소망 내지는 염원이 있어야 한다. 특정의 문제에 대한 해결을 염원하는 집중과 노력이 수반되어야 한다. 전쟁터에 나간 아들이 무사하기를 기원하는 어머니의 마음처럼 간절해야 한다. 과학자나 예술가 또는 발명가들이 꿈으로부터 계시를 받은 예들은 그들이 문제 해결을 위해 얼마나 고심하고 갈망했는지를 말해 준다. 종교마다 형식은 다르겠지만, 정성어린 기도 끝에 꿈으로부터 계시를 받았다는 경험담도 비일비재하다. 현실 세계에서 해결하고자 고민했던 어떤 문제가 나에게 있었는지, 그렇다면 그 해결을 위해 얼마나 많은 노력과 염원을 하였는지를 뒤돌아본다면, 꿈으로부터 어떤 계시를 받았는지 스스로 알게 될 것이다.

그다음으로 꿈이 우리에게 계시를 주는 것은 우리의 중대사에 관한 것이다. 물질세계인 이 사바(娑婆)세계에서 우리에게 중요한 것은 바로 육신 즉 생명이다. 사바 세계에서는 육신이 죽으면 모든 것이 끝나기 때문에 육신보다 더 중요한 것은 없다. 새로운 생명이 탄생하거나 한 생명이 멸하는 것은 가장 큰 중대사이며, 생사가 아니더라도 다가올 질병이나 교통사고와 같은 육체적 사고 등도 역시 중대사다.

새로운 생명의 탄생보다 더 경사로운 일은 없다. 태몽은 이러한 사실을 알리기 위한 꿈이다. 죽음을 임박한 사람들은 자기를 데리고 가려 하는 저승사자의 꿈도 자주 꾼다. 다가올 질병을 꿈의 계시로부터 예방할 수도 있고, 앓고 있던 병의 치료법을 꿈으로부터 얻을 수도 있다. 일어날 교통사고도 꿈의 계시에 의해 미연에 방지할 수 있다. 의근은 바로 이러한 중대사에 대해 해당하는 마음정보를 찾아 계시를 준다. 이때 의근은 조상신이나 수호신과 연결되어 필요한 정보를 주고받는다. 시간과 공간을 초월하여 활동하는 조상신이나 수호신의 의근이 후손이나 신도에게 일어날 중대사를 모를 리가 없다. 이런 중대사가 아니라 하더라도 일상의 소소한 일에 대해서도 염원하는 바에 따라 계시를 주는 꿈은 밤마다 얼마든지 나타날 수 있다.

꿈은 거의 대부분 시각적으로 인식된다. 그다음이 음성과 같은 청각정보로 인식된다. 그 외에 신체의 접촉에 의해 인식되기도 한다. 이성과의 신체 접촉에 의해 꿀 수 있는 몽정과 같은 꿈이 이에 해당한다. 꿈에서는 향(냄새)이나 미(맛)에 대한 인식을 거의 할 수 없다. 무엇을 먹는 꿈을 꾸더라도 그 냄새나 맛을 인식하는 꿈은 거의 없다.

꿈은 대부분 직설적이지 못하다. 전달하고자 하는 것을 현실세계에서처럼 전달하지 못한다. 대부분의 꿈은 상징적 또는 은유적으로 나타나며, 함축적 의미를 갖는다. 하지만 모든 꿈이 은유적인 것은 아니다. 멘델레프가 꾼 원소주기율표나 매카트니가 꾼 '예스터데이'에 대한 꿈은 직설적인 꿈이다.

꿈은 대부분 시각정보에 의해 은유적으로 표현된다. 말이나 글을 통하여 장황하게 설명할 수 없기 때문에, 상징적인 의미를 갖는 몇 장의 슬라이드처럼 나타난다. 생시에서는 아뢰야식에 저장되어 있는 마음정보가 빠르게 논리적으로 읽혀지지만, 꿈에서는 활성화된 마음정보가 간헐적으로 의근에 접촉하기 때문에 논리적이지 못하며 일관성도 없는 경우가 대부분이다. 각성시의 생각의 사이클이 연속적인 동영상이라 한다면, 꿈속에서 나타나는 장면은 한 장씩 넘어가는 간헐적인 슬라이드와 같다.

서양에서는 꿈의 비논리성에 대해서도 뇌의 물리적 현상으로 설명한다. 논리적 사고 영역이 활동을 중단하므로 꿈속에서 경험하는 것은 때때로 환각의 세계가 된다고 한다. 그것은 정신분열증 환자가 깨어있을 때 경험하는 세계와 아주 비슷하다고 한다. 실제로 뇌 영상 연구들은 꿈꾸기의 해부학적 측면이 정신분열증 환자와 거의 똑같다는 사실을 보여준다. 앨런 홉슨과 데이비드 칸은 꿈에서 일어나는 일관성 없는 의미 형성이 뇌에서 작동하는 카오스 이론의 실례일 수도 있다고 한다. 1970년대에 등장한 카오스 이론은 물리학, 수학, 생물학 등 다양한 분야에서 무질서해 보이는 현상 속에 감춰진 질서를 이해하는 새로운 방식이다.

은유적 표현이나 비논리성으로 인해 일반인들은 꿈에 대한 해석을 어려운 것으로 생각하였고 그 결과 해몽법을 찾기 시작하였다. 전설적인 영웅 길가메시의 모험담을 그린 메소포타미아의 점토판에는 꿈 줄거리와 상징적이고 은유적인 꿈 이미저리를 해석하는 방법이 실려 있다고 한다.

인도와 중국에서도 대략 기원전 1,000년경에 꿈 해몽서가 쓰였다고 한다. 하지만 꿈은 꿈을 꾼 자가 가장 정확하게 해석할 수 있다. 당시 꿈의 상황과 느낌은 꿈을 꾼 자가 가장 잘 알고 있기 때문이다. 돼지꿈이라고 해서 모두 좋은 꿈은 아니다. 악몽이나 흉몽이라 해서 나쁜 것도 아니다. 길몽이라면 좋은 결과를 기대해도 좋겠지만, 흉몽이라 하더라도 곧 닥쳐올 사건에 대비할 기간적 여유를 가질 수 있다. 나쁜 꿈은 없다. 우리가 무지(無知)하고 몽매(夢昧)할 뿐이다.

제15장

꿈을 잘 기억하지 못하는 이유

사람은 매일 밤 꿈을 꾼다고 한다. 꿈을 꾸지 않는다고 말하는 사람도 꿈을 기억하지 못할 뿐 실제로는 매일 밤 꿈을 꾼다고 한다. 평균적으로 하룻밤에 5회 이상의 꿈을 꾼다고 한다. 그런데 그중에서 기억하는 꿈은 일주일에 한두 번 정도라 한다. 밤마다 꿈을 꾼다는 사실을 전제로 하면 우리는 꾸는 꿈의 거의 대부분을 기억하지 못하고 있는 셈이다. 꿈을 꾸었는데도 전혀 기억하지 못하는 경우가 있고, 무엇인가를 꾸었는데 잘 기억이 나지 않는 경우가 있고, 꿈꾼 사실을 잊고 있다가 무엇인가에 의해 촉발되어 간밤의 꿈을 기억하는 경우가 있다. 물론 아주 뚜렷한 선몽이나 비명을 지를 정도의 무시무시한

악몽처럼 평생 동안 잊혀지지 않는 꿈도 있다.

꿈을 잘 기억하지 못하는 이유에 대해서도 많은 이론들이 나왔다. 꿈은 너무도 많은 금기 사항을 담기 때문에 억압될 수밖에 없다는 프로이트의 이론에서부터, 꿈의 내용은 뇌가 학습하려 하지 않기 때문에 당연히 기억되지 않는다는 프란시스 크릭의 이론까지 매우 다양하다. 자각몽의 연구자인 스티븐 라버지는 사람이 꿈을 기억하지 못하는 이유를 진화와 연관 지어 풀어야 한다고도 주장한다. 홉슨과 맥칼리는 꿈을 정확히 기억하지 못하는 이유가 꿈이 기억에 각인되는데 필요한 신경전달물질이 부족하기 때문이라 한다. 현재 표준이 되는 꿈의 기억 이론은 기억되는 꿈과 기억되지 않는 꿈에 대해서 많은 것을 설명하지만, 아직까지 기본적인 의문을 풀지 못하고 있다.

꿈은 수면 중에 의근이 마음정보를 읽음으로써 잠시 나타났다가 사라지는 의식이다. 그 의식이 다시 기억할 수 있을 만큼 뚜렷한 메시지를 전달하는 것이라면 잠에서 깨어나더라도 쉽게 기억할 수 있겠지만, 그렇지 않다면 수많은 마음정보가 잠시 읽혔다가 각인되지 못한 채 사라질 것이다.

꿈에서 의근이 마음정보를 인식하는 과정은 각성시의 현실에서 의근이 마음정보를 인식하는 과정이나 안이비설신이 각각의 경계에 대한 정보를 인식하는 과정과 유사하다. 낮 동안의 각성상태에서는 육체의 감각기관인 안이비설신과 비물질의 감각기관인 의근이 작동한다. 외부의 경계로부터 5감을 인식하고, 그것이 기초가 되어 의근이 아뢰야식에 저장된 마음정보를 접촉하여 제6식을 일으킨다. 제6식은 끊임없이 계속되어 제7식에서 생각의 사이클을 돌리게 된다.

낮에 하루 종일 서울 시내를 돌아다녔다고 하자. 저녁에 집에 와서 하루 종일 보고 듣고 냄새 맡고 맛보고 접촉하고 생각한 것을 얼마나 기억할까? 집을 나서면서부터 초목들, 길가의 돌멩이, 건물들, 지나가는 차들, 사람들, 상점들, 무수히 많은 것들을 하루 종일 보았지만 저녁 때 기억나는 것은 아주 인상 깊었던 몇 가지 아니면 자기가 관심을 가졌던 몇 가지에 불과하다. 하루의 일과를 생각해도 마찬가지다. 매일 출근을 하고 직장에서 여러 가지 일을 하고 저녁때 퇴근을 하더라도 하루 일과를 고스란히 기억하기는 쉽지 않다. 어떤 날은 점심때 무엇을 먹었는지조차도 생각이 나지 않는 경우가 있다. 어제 일어난 일들은 더욱더 그렇고 일주일 전에 일어난 일들은 거의 기억에서 희미하다. 그런데 경험한 것이 처참한 교통사고 현장이라든가 20년 전 헤어진 친구를 우연히 만났다든가 하는 특별한 사건은 아주 오랫동안 기억될 것이다.

꿈도 마찬가지다. 밤새 동안 의근이 자기의 아뢰야식이나 타인의 아뢰야식 또는 조상신이나 수호신의 아뢰야식에 저장된 마음정보를 접촉하여 꿈을 꾼다. 의근은 시각정보나 청각정보를 접하여 무엇인가를 보고 듣고 접촉하면서 의식을 일으킨다. 육체가 잠을 자고 있기 때문에 의근 또한 생시의 각성시처럼 뚜렷한 각성 상태가 아니다. 더구나 꿈은 논리적이지도 못하고 일관성도 없는 몇 장의 슬라이드가 지나가는 것과 같기 때문에 충분히 기억될 만큼 각인되지 못한 채 지나간다. 정신(의근)이 영롱한 상태에서 각인될 수 있는 장면이어야 기억에 오래

남을 수 있다.

꿈을 기억해내는 가장 좋은 방법은 잠으로부터 깨었을 때 꿈을 기억하고자 노력하는 것이다. 잠자리에서 일어나기 전에 수면 중에 꾼 꿈에 대하여 생각해보고자 하는 것이다. 생각나는 꿈을 그때그때 메모해두는 것도 꿈을 기억하기 위한 좋은 방법이다. 그 순간이 꿈을 기억해낼 수 있는 최적의 시간이기 때문이다.

사람마다 습관에 따라 다르겠지만, 보통 화장실을 다녀와서 현관 앞에 배달된 신문을 가져다 읽기도 하고, 차 한 잔을 마시기도 하고, TV를 켜서 아침 뉴스를 시청하기도 하고, 산책을 나가는 등 하루의 일과를 시작한다. 이러한 일과들은 비록 일상적인 일이지만 안이비설신을 통하여 색성향미촉에 관한 새로운 정보들이 들어오는 과정이다. 간밤에 꾸었던 꿈은 이 새로운 정보들에 밀려차츰 기억으로부터 멀어져간다. 오늘 일어난 일은 오늘 가장 잘 기억할 수 있다. 시간이 지날수록 기억에서 멀어진다. 꿈도 마찬가지다. 꿈을 꾸고 난 직후 깨었을 때 꿈을 기억하기가 가장 좋다.

간밤에 꾼 꿈과 연관된 것을 낮에 보거나 들으면 그 꿈이 자동적으로 떠오르는 경우가 있다. 자동차 사고 현장을 지나갈 때 간밤에 꾼 자동차 관련 꿈이 생각나게 되는 것과 같은 일종의 연상법이다. 이러한 현상을 브라운은 꿈의 내용이 뇌에 부호화(encoding) 되기 때문이라고도 설명한다.

꿈의 기억은 의식의 재현이다. 꿈속에서 생성되었던 의식은 마음정보가 되어 아뢰야식에 저장된다. 꿈의 기억은 아뢰야식에 저장된 정보를 다시 읽는 것이다. 그 정보가 각인되지 않을 정도의 뚜렷한 정보가 아니라면 기억하기가 쉽지 않을 것이고, 각인될 만큼 뚜렷한 정보라면 쉽게 잊혀지지 않을 것이며, 잊혀지지 않을 만큼 각인되지는 않았지만, 인식되고 나서 아뢰야식에 저장되었다면, 그와 연관되는 것을 접하게 되었을 때 그 꿈을 기억해낼 것이다. 즉 잊었던 꿈이 어떤 동기에 의해서 기억나게 되는 것이다. 그리고 기억해낸 한 장면의 꿈이 다시 동기가 되어 그 전 장면을 기억해 낼 수 있다. 이것이 라버지가 설명하는 꿈을 기억해내는 '거꾸로 기억법'이다. 식의 생성은 자연발생적으로 일어나지 않으며, 원인과 결과가 되어 일어난다는 식의 의타기성(依他起性)과 같은 것이다.

꿈이 중요하다고 해서 잘 기억나지 않는 꿈을 기억하고자 애쓸 필요는 없다. 잘 기억나지 않는 꿈을 기억하고자 하는 것은 하루 일과를 마치고 잘 기억나지 않는 것들을 다시 기억하고자 애쓰는 것과 같다. 하루 일과를 마치고 그 하루를 돌아보며 일과를 다시 기억해보는 것도 중요하지 않은 것은 아니지만, 더 중요한 것은 하루를 지내면서 매 순간 의식을 놓지 않는 일이다. 깨어있는 각성 시에 자각하는 능력이 길러지면 꿈속에서 꿈을 의식하는 능력도 길러진다. 그렇게 되면 필요하고 중요한 꿈을 그냥 흘려보내지 않을 것이다.

제16장

향(香)과 미(味)가 없는 꿈의 세계

우리는 꿈을 대부분 시각적 이미저리로 인식한다. 꿈에 대한 한 조사 결과는 거의 모든 꿈이 시각적 이미지를 보이지만 청각적 요소를 갖는 꿈은 절반을 약간 상회하는 것으로 나타났다. 다른 지각과 관련해서, 촉지각은 전체 꿈의 15% 미만으로 나타났고, 설지각(맛)이나 후지각(냄새)은 꿈에서 거의 경험되지 못한 것으로 나타났다.

아뢰야식에 저장된 마음정보는 시각정보, 청각정보, 후각정보, 미각정보, 촉각정보, 생각정보(의식정보)로 이루어진다. 이중에서 가장 많은 양을 차지하는 것이 시각정보다. 눈을 통해서 엄청난 양의 정보가 들어오고, 그다음이 청각정보나 생각정보라 할 수 있다. 뇌의 3분의 1이 시각정보를 처리하는데 할당될 만큼 시각정보는 다른 어떤 감각정보보다 월등히 많다. 백문이 불여일견이라 할 만큼, 눈은 감각정보나 인식 차원에서 다른 감각기관보다 수승하다. 후각정보, 미각정보, 촉각정보는 시각정보나 청각정보에 비하면 아주 미미하다. 후각정보와 미각정보는 양적으로 볼 때 다른 정보에 비해 월등히 적기 때문에 꿈속에서도 향과 미를 거의 경험하지 못하는 것으로 보인다.

불교의 우주관에 따르면 향(香)과 미(味)가 없는 세계가 있다. 색계(色界: Form Realm)라는 세상이다. 색계에는 향과 미가 없다고 하는데, 꿈속에서 향과 미가 경험되지 않는다면 불교의 색계와 꿈속 세상은 공통점이 있다고 할 수 있다.

불교에서는 우주를 욕심(욕망)의 정도에 따라 욕계(欲界: Desire Realm), 색계(色界: Form Realm), 무색계(無色界: Formless Realm) 3계로 구분한다. 욕심의 정도는 일어나는 식(識)과 밀접한 관계가 있기 때문에, 결국 3계의 우주관은 식에 따라 구분된 우주관이라 할 수 있다. 욕계는 다시 18계(繫: 계통)로 이루어지고, 색계는 향과 미가 없기 때문에 14계(繫)로 이루어지며, 무색계는 의식(법식: 제6식)만이 남아 3계(繫)로 이루어진다.

욕계의 욕심은 욕계 3욕에 해당하는 식욕, 수면욕, 음욕(淫慾)을 비롯하여 외적 대상인 5경계(색성향미촉)에 대한 5욕으로 이루어지는데, 이 8가지 욕심이 지배하는 세계가 바로 욕계다. 욕계는 6개의 감각기관인 안이비설신의와 6개의 감각대상인 색성향미촉법과 이들 각각으로부터 일어나는 6개의 식이 각각의 계(繫)(계통)을 이루어 모두 18계(繫)를 구성한다.

욕계에서의 18계

6감각기관(6근계) : 안근계 이근계 비근계 설근계 신근계   의근계
               | | | | | |
6감각대상(6경계) : 색경계 성경계 향경계 미경계 촉경계   법경계
               | | | | | |
6감각식(6식계) :   사식계 청식계 후식계 미식계 촉식계   의식계(제6식계)

욕계는 인간, 축생, 지옥, 아귀, 아수라, 천상의 여섯 가지 세상, 즉 6도(六道)로 구분한다. 중생은 이 6도에서 윤회를 반복한다고 한다. 선업을 지으면 인간, 아수라,

천상의 세계에 태어나고, 악업을 지으면 축생, 지옥, 아귀 세상에 태어난다고 한다.

인간 세상은 우리가 살고 있는 세상으로 이해하기에 어렵지 않다. 5근이 달려있는 육체가 있고, 비물질의 감각 기관인 의근이 있으며, 그로부터 6식이 일어나는 세상이다. 제7식인 말나식(생각식)은 제6식의 연장선에 있기 때문에 별도의 계(계통)를 구성하지 않으며, 제8식인 아뢰야식은 마음정보가 저장된 것으로 법경계에 속하므로 역시 별도의 계(계통)를 구성하지 않는다. 축생 세상도 우리와 함께 살고 있는 동물들이 살아가는 세상이기 때문에 이해하기가 어렵지 않다. 다만 언어와 문자가 없어서 아뢰야식에 저장된 정보가 극히 제한된 삶을 사는 축생의 세계는 의식의 관점에서 보면 인간 세상보다 훨씬 단순한 세상이다.

지옥은 악업을 지은 자가 죽어서 가는 세상이다. 지옥은 쉽게 설명될 수 없는 영역이지만, 의식 특히 꿈속의 의식과 관련해서 설명하면 쉽게 이해될 수 있다. 뱀들이 우글거리거나 독사가 물려고 달려오는 꿈을 꿀 때, 우리는 공포 속에 싸여 도망을 치거나 비명을 지른다. 식은 땀을 흘리기도 한다. 꿈속에서는 독사에 물려 본들 몸에 독이 퍼지지 않는데도 꿈이라는 것을 인식하지 못하고 현실로 받아들이기 때문에, 실제로 공포의 시간을 맞는 것이다. 이때 꿈속의 공포가 바로 지옥이다. 죽어서 가는 지옥 세상이 바로 이러한 꿈속 세상과 같다. 그런데 지옥은 욕계에 속하고, 욕계는 안이비설신이 구비된 육체가 있다고 하였다. 이미 죽었기 때문에 육체가 없는데 고통받는 육체가 있다고 하니 논리에 맞지 않는다. 하지만 욕계의 육체는 물리적 육체뿐만 아니라 꿈속과 같이 가상의 육체(또는 '의식의 육체')를 포함한다. 꿈속에서 고통받는 육체는 가상의 육체다. 실제로 독사에 물리는 것이 아닌데 가상의 육체는 실제와 같이 고통을 받는다. 몸이 죽었다 하더라도 욕망이 남아있는 한 가상의 육체가 있는 욕계를 벗어날 수 없다.

아귀 세상도 악업을 지은 자가 죽어서 가는 세상이다. 아귀 세상은 배는 남산만 한데 목구멍은 바늘구멍 같아서 아무리 먹어도 배가 고픈 세상이다. 그래서 조금이라도 더 먹으려고 아귀다툼하는 세상이다. 역시 몸은 죽었다 하더라도 욕망을 소멸하지 못하여 꿈속과 같이 가상의 육체가 존재하는 세상이다.

아수라 세상은 끊임없이 전쟁하기를 좋아하여 아수라
장 같은 세상을 만드는 세상이다. 선과 악의 양면을 지
니고 있지만, 불법(佛法)을 수호하고 정의를 실현한다는
관점에서 악신보다는 선신으로 여겨져 선업을 지어야 갈
수 있는 세상으로 분류된다.

천상은 선업을 지어야 갈 수 있는 세상으로 극락이나
천당에 해당한다. 천상에 태어나도 욕심은 그대로 존재
하여 육체(가상의 육체)를 갖는다. 육체가 있는 한 언젠가
는 반드시 수명이 다하여 멸하게 되고, 6도 중의 어느 한
세상에 다시 태어나야 한다.

색계는 선정을 닦아 욕심을 멸하지만 미세한 형색이 아
직 남아있는 세계다. 색계는 초선천, 2선천, 3선천, 4선천
으로 나누고, 이들은 다른 방법으로 18천으로 세별하는데
선정의 정도에 따라 신선계를 세분한 것으로 보면 된다.
초기불교 논서인 「아비달마구사론」에는 색계에는 향과 미
가 없다고 한다. 그래서 색계는 14계(繫)로 이루어진다.

6감각기관(6근계) :	안근계	이근계	비근계	설근계	신근계	의근계
	|	|	|	|	|	|
6감각대상(6경계) :	색경계	성경계	향경계	미경계	촉경계	법경계
	|	|	|	|	|	|
6감각식(6식계) :	시식계	청식계	후식계	미식계	촉식계	의식계(제6식계)

색계에서는 욕심이 대부분 소멸되었지만 형색(육체)이 아직 남아있기 때문에 6근이 그대로 존재한다. 하지만 향과 미가 없기 때문에 향식(후식)과 미식(설식)이 일어나지 않는다. 따라서 4계(향경계, 미경계, 후식계, 미식계)가 없어서 모두 14계로 이루어진다. 색계는 향과 미가 없는 꿈속 세상과 유사하다. 향과 미가 없는 꿈속 세상을 경험하는 것은 색계를 경험하는 것과 같다.

무색계는 색계에 남아 있던 색욕(色慾: 재물욕)이 모두 소멸된다고 한다. 무색계는 색성향미촉에 해당하는 몸뚱이가 사라지고 오직 의근(마음기관)과 법경(마음정보)만이 남아 의식(제6식: 법식)을 일으킨다. 의근계, 법경계, 의식계 3계(繋)만이 남는다.

무색계에서의 3계

6감각기관(6근계) :	안근계	어근계	비근계	설근계	신근계	의근계
	|	|	|	|	|	|
6감각대상(6경계) :	색경계	성경계	향경계	미경계	촉경계	법경계
	|	|	|	|	|	|
6감각식(6식계) :	사식계	청식계	후식계	미식계	촉식계	의식계(제6식계)

무색계는 색을 떠나버린 하나의 심식(心識) 즉 마음만
이 남은 세계로 공무변처, 식무변처, 무소유처, 비상비비
상처의 4처(四處)로 나눈다. 완전한 깨달음을 얻은 성자
만이 갈 수 있는 세상이다.

우리는 꿈을 통해 가상의 육체가 고통을 경험하는 욕
계의 지옥을 경험할 수 있고, 향과 미가 없는 색계의 세
상도 경험할 수 있다. 욕계, 색계, 무색계 3계(界)로 구
분하고, 욕계는 다시 18계(繫)로 이루어지고, 색계는 향
과 미가 없는 14계(繫)로 이루어지며, 무색계는 마음만이
남아 3계(繫)로 이루어진다고 한 불교의 우주관은 하나
의 종교를 성립시키기 위한 가설이 아니라 식의 관점에서
분류한 합리적인 우주관이라 할 수 있다.

제17장

꿈속에서의 생각과 자각

한 수학자가 꿈속에서 수학문제에 대한 해답을 찾은 꿈 얘기가 있다. 1960년대 미국 MIT 수학자였던 도널드 뉴먼은 까다로운 수학 문제를 풀고 있었는데 어느 시점에서 완전히 교착 상태에 빠졌다. 당시 뉴먼은 MIT에서 결성된 수학자 그룹의 일원이었는데, 그 중에는 훗날 영화 〈뷰티풀 마인드(A Beautiful Mind)〉에 주인공으로 등장하는 존 내시도 있었다. 뉴먼은 그 문제로 1주일 정도 씨름했는데 도저히 어떻게도 할 수 없을 때, 꿈을 꾸었다. 꿈에서 그는 캠브리지의 한 레스토랑에 함께 있던 내시에게 그 문제를 물어보았고, 내시가 이렇게 저렇게 하라는 설명에 귀를 기울여 해답을 찾은 것이다. 물론 현실에서는 내시도 그 문제를 풀지 못하였다. 뉴먼은 꿈을 통해 해결한 문제에 대하여 논문을 발표한 후, 내시에게 고마움을 표현했다고 한다.

우리는 꿈을 꾸면서 생각한다. 꿈속에서 자기에게 달려드는 독사를 두려워하는 것도 생각을 하고 있다는 증거다. 수학 문제를 풀 정도의 논리적 사고가 아니더라도 꿈속의 이미저리에 대해 누구나 생각하고 판단한다. 꿈속에서는 육체에 속한 5근의 기능이 일시 정지되지만, 의근은 기능을 계속하여 아뢰야식에 저장된 마음정보를 접하여 생각을 이어간다. 제7식인 말나식이 작동하여 생각의 사이클을 돌리는 것이다. 생시에는 5근에 의하여 들어오는 많은 정보에 의하여 생각의 사이클이 매우 빠르게 돌아가지만, 수면 중에는 5근에 의하여 들어오는 정보가 없고 의근에 의해 접촉되는 정보에만 의존하기 때문에 생각의 사이클은 매우 둔하게 돌아간다. 따라서 생각을 하더라도 아주 단편적인 생각에 불과할 때가 많다.

꿈속에서의 생각은 비록 단편적이지만 흔히 있는 일이고 누구나 경험하는 일이다. 중요한 것은 꿈을 자각하는 것이다. 우리는 꿈을 꾸면서 꿈이라는 것을 자각하지 못한다. 꿈에서 보이는 세계가 견고한 현실세계인 것처럼 착각한다. 그런데 꿈을 꾸면서 꿈이라는 것을 자각하는 경우가 있다. 꿈속에서 꿈이라는 것을 자각하게 되는 꿈을 자각몽(lucid dream)이라 한다.

자각몽이라는 용어는 1913년에 네덜란드의 정신과 의사였던 프레데릭 반 에이덴이 만들었다. 하지만 자각몽의 개념은 고대에도 다른 방식으로 설명되었다. B.C. 4세기에 아리스토텔레스는 '지금 나타난 것은 한낱 꿈이라고 의식의 무언가가 선언했다'라는 글로 자각몽을 언급했다. 티벳 승려들은 대략 1,000년 전부터 꿈 요가라 부르는 일종의 자각몽을 영적 수행의 일부로 삼았다.

자각몽을 과학적으로 연구한 사람은 미국의 신경생리학자 스티븐 라버지다. 1980년대 그의 자각몽 조사에 따르면, 조사 대상의 절반 이상이 꿈을 꾸다가 자신이 꿈꾸고 있음을 희미하게나마 자각하는 꿈을 일생 동안 적어도 한 번은 꾼다고 대답했다. REM 수면기에 깨워진 피험자의 1~2% 정도가 자각몽을 꾸고 있었음이 밝혀진 연구도 있었다. 꿈을 잘 기억하는 사람들이 대체로 자각몽을 꾸는 확률도 높았다고 한다.

생시에서의 자각은 일어나는 생각을 바라보고 그 생각과 더불어 일어나는 느낌이나 감정 즉 마음현상을 바라보는 것이다. 제7식에서 생각의 사이클을 돌리면서 계속되는 분별이나 망상을 멈추고 일어나는 생각과 마음현상을 자각하는 것이다. 생시에서는 이러한 자각을 의지적으로 할 수 있다. 하지만 꿈속에서는 의지적으로 꿈을 자각하기가 쉽지 않다. 그래서 생시에 자각하는 훈련이 필요하다.

한 연구에 따르면, 미국의 경우 58퍼센트 정도의 사람만이 일생을 통해 자각몽을 한 번 꾼 적이 있다고 한다. 그중에서 21퍼센트는 한 달에 한 번 이상 자각몽을 꾼다고 한다. 그러나 불교 명상이나 초월 명상을 수행했던 사람들의 표본에서는 자각몽에 대한 경험이 평균 수치가 일주일에 한 번 이상으로 올라갔다고 한다.

스티븐 라버지도 티베트 승려가 주관한 워크숍을 계기로 어린 시절 이후 처음으로 자각몽을 꾸었는데, 자각몽을 영적 수행의 일부로 이용하는 티베트 승려들은 꿈의 내용을 의식적으로 통제하고 현실을 꿈으로 여기라고 가르쳤다고 한다. 워크숍을 주관한 티베트 승려는 참가자들에게 24시간 내내 의식을 놓지 말라고 강조하고, 심지어 꿈을 꾸고 있을 때도 자기반성적 자각을 유지하라고 가르쳤다고 한다.

과학자들은 여전히 자각몽도 비자각몽과 마찬가지로 뇌와 관련이 있을 것이라고 추측한다. 자각몽을 꾸는 사람들에 대한 뇌 영상을 연구한 시카고 대학의 꿈 연구가 앨런 레흐트샤펜은 꿈의 가장 큰 특징은 자기반성 의식이 부족하기 때문에 꿈을 꾸는 동안 우리는 자신이 누구인지 알지 못한다고 한다. 그는 비자각몽을 꾸고 있을 때는 의식의 상태를 알려주는 뇌 영역이 작동하지 않지만, 자각몽을 꾸고 있을 때는 그곳이 작동할 거라고 추측한다. 하지만, 자각몽 역시 뇌에 의해 꾸어지는 것이 아니라, 자각몽으로 인한 하나의 뇌의 현상일 가능성이 더 높다.

생시에 의근에서의 자각능력이 향상되어 꿈속에서도 자각을 하게 되면 꿈에서의 행동을 의지적으로 할 수 있다. 우리에게는 밥을 먹는 꿈을 꾸면 몸이 아플 징조라 하는 해석이 있다. 그래서 가급적이면 꿈속에서 밥을 먹지 않는 것이 좋다. 그런데 꿈속의 먹는 상황에서 꿈이라는 것을 자각하여 밥을 먹어서는 안 된다는 생각을 하게 되면 먹는 상황을 피할 수 있다. 밥을 먹음으로써 병이 찾아올 수도 있는 꿈을 스스로 통제할 수 있는 것이다.

꿈속에서도 생각하고 자각할 수 있다면 꿈에 끌려다니지 않는다. 꿈을 자각하지 못하고 현실인 것처럼 착각하기 때문에 꿈에 끌려다니게 된다. 이것은 현실에서도 마찬가지다. 현실을 올바로 자각하지 못하기 때문에 욕망과 망상에 끌려다니게 된다. 현실에서의 욕망과 망상이 허망한 꿈이라는 것을 알게 되면 집착으로부터 자유로워질 수 있다.

제18장

인생은 일장춘몽

어느 정형외과 입원실에 혼자의 힘으로는 움직일 수 없는 디스크 환자, 골절 환자 등이 대여섯 명 누워 있었는데, 그 입원실에 독사 한 마리가 나타나자 누워있던 환자들이 모두 입원실 밖으로 뛰쳐나갔다고 한다. 동물원의 호랑이 사육장으로 들어간 어린아이를 향하여 호랑이가 다가오고 있을 때, 아이 어머니가 사육장의 쇠창살을 손으로 구부려 제치고 어린 자식을 구해냈다는 얘기도 있다. 호랑이한테 잡혀가도 정신만 차리면 산다는 말도 있다. 모두 마음이나 정신 자세에 따라 초인적인 능력을 발휘할 수 있다는 것을 보여준다.

우리는 일반적으로 물질보다는 마음이나 정신이 더 중요하다고 생각한다. 비록 유물론자라 하더라도 이런 생각을 부인하기는 어려울 것이다. 그런데 육체가 잠을 자는 동안 마음(의근)으로 보는 꿈은 덧없고 허망하다고 생각한다. 육체에 달려있는 안이비설신으로 지각하는 것만이 견고하다고 생각하는 것이다. 이것은 논리적으로 모순이다.

우리는 꿈을 덧없고 허망하다고 생각하지만, 꿈속에서는 아주 심각하다. 현실 못지않게 집착하고 행복을 누리기도 하고 고통을 겪기도 한다. 꿈을 깨야 그것이 덧없고 허망한 꿈이었음을 알게 된다. 현실에서도 마찬가지다. 이 현실이 꿈인 줄을 모르고 아주 견고한 것으로 착각하여 현실에 집착한다. 욕계 3욕에 해당하는 식욕, 수면욕, 음욕을 비롯하여 외적 대상인 5경계(색성향미촉)에 대한 5욕에 집착한다. 돈을 많이 벌어 고대광실에서 풍요롭게 살고 출세해서 권세를 누렸다 해도 육체가 멸한 후에 의근이 바라보면 어느 하나 가져갈 수 없는 허망한 것들이다. 꿈 연구가들도 깨어있을 때 우리가 참여하는 현실 세계가 지극히 복잡한 신경 회로가 수행하는 아름다운 속임수라고 한다. 그토록 일생 동안 안이비 설신을 즐겁게 해주었던 색성향미촉은 하룻밤의 꿈보다 조금 더 긴 봄날의 꿈에 불과하다.

금강경에서, 석가모니 붓다는 '일체유위법 여몽환포영 여로역여전 응작여시관(一切有爲法 如夢幻泡影 如露亦如電 應作如示觀)'이라 하였다. 원인과 조건과의 결합을 통하여 나타나는 현상들은 꿈 같고 환영 같고, 물거품 같고 그림자 같고, 이슬과 같고 번개와 같으니, 유위법의 물질세계에서는 사물을 그렇게 보라고 하였다.

그렇다고 불교가 허무주의를 표방하는 것은 아니다. 불교는 모양, 형상, 색깔, 맛, 냄새, 고통, 쾌락, 사유와 감정, 인간의 외형적 세계의 존재를 부정하지 않는다. 다만 그것들이 궁극적 실재가 아니라고 하는 것이다. 진정한 실체가 아니라고 하는 것이다. 진정한 실체가 없는 대상에 집착하지 말라는 것일 뿐, 외형적 세계에 대한 존재를 부정하는 것이 아니다.

인간의 궁극적인 목적은 덧없는 것들을 초월하는 데 있다. 일상적 관점으로 보면 우리는 보다 미묘한 현상들로 구성된 외부의 형체만을 인식한다. 밑에 잠재된 구성 요소는 보지 못하고 그 형체만을 보기 때문에 우리는 기본적으로 형체의 차이점만을 인식하게 된다. 외형적 세계를 넘어선 그곳에 중요한 것이 있으니 그것을 찾아보라는 것이다. 그것은 모든 중생이 갖는 부처의 성품, 즉 불성(佛性)일 수 있고, 의근을 열어서 얻는 4가지 지혜(성소작지, 묘관찰지, 평등성지, 대원경지)일 수 있다.

장자는 꿈에 나비가 되어 훨훨 나는 자신을 보고는 '도대체 인간인 내가 꿈에 나비가 된 것일까 아니면 나비가 꿈에 이 인간인 나로 변해 있는 것일까'라는 생각에 잠겼다. 그리고는 만물이 하나로 된 절대의 경지에 서 있게 되면, 인간인 장자가 곧 나비일 수 있고 나비가 곧 장자일 수도 있다는 것을 깨달았다. 꿈속에서 평등성지의 지혜를 얻은 것이다.

생시의 현실에서 안이비설신으로 색성향미촉을 접촉하는 것이 견고하다고 생각한다면, 의근으로 마음정보를 접촉하여 인식되는 꿈 또한 견고한 것이라 하지 않을 수 없다. 그렇게 되면, 꿈이 주는 중요한 메시지를 덧없다하지 않을 것이다. 한편, 의근으로 인식되는 꿈이 한낱 꿈에 불과하다고 생각한다면, 안이비설신으로 색성향미촉을 접촉하는 현실 또한 꿈과 다를 바가 없다. 그렇게 되면, 우리는 욕망에 대한 집착으로부터 자유로워질 수 있다. 아뢰야식에 저장된 편견, 선입견, 분별심, 번뇌망상 등과 같은 아견도 차츰 소멸될 것이다. 큰 거울이 사물을 있는 그대로 비추듯이, 사물을 있는 그대로 볼 수 있는 대원경지의 지혜를 얻게 될 것이다.

제3부

사후 세계의 의식

제19장

미지의 사후 세계

　불교에서는 한 생명체가 죽으면 육신은 지수화풍(地
水火風) 4대로 흩어진다고 설명한다. 육신의 고형 성분은
흙이 되어 흩어지고, 액상 성분은 물이 되어 흩어지고, 몸
의 체온은 열기가 되어 흩어지고, 들락거리던 숨은 바람
이 되어 흩어지는 것이다. 육신이 그렇게 흩어지고 나면
모든 것이 끝나는 것일까? 아마 죽음이 개인적 존재의
완전한 소멸을 가져온다고 믿는 사람은 그리 많지 않을
것이다. 오히려 죽음 후의 세계에 대하여 알지 못한다는
불가지론을 견지하는 사람들이 훨씬 더 많을 것이다.

　죽음에 대하여 불가지론을 따르든 그렇지 않든 우리
가 죽음에 대하여 가질 수 있는 첫 번째 의문은 죽음 후

에 맞는 어떤 세계가 존재하는가이다. 육신이 죽고 나면 영혼과 같은 어떤 존재가 존재하리라고 막연히 추측되지만 아직까지 과학적으로 입증되지 못하고 있다. 영혼의 사진을 촬영하고 영혼의 목소리를 녹음하고 영혼의 질량을 측정하고자 하는 시도가 있어 왔지만 여전히 의문으로 남아 있다. 과학은 임사체험에 관한 연구를 통하여 뇌파가 정지한 시간에도 의식이 살아있다는 것을 입증하였으나 사후 세계는 여전히 미지의 세계다.

과학에서는 육신이 죽으면 뇌가 죽고 뇌가 죽으면 의식이 죽기 때문에 사후 세계가 더 이상 존재하지 않는다고 본다. 육신이 죽으면 모든 것이 끝난다고 생각한다. 과학에서는 마음과 뇌를 동일한 것으로 보는 관점이 지배적이기 때문에 현대 의학의 목표는 어떻게든 뇌를 살아있게 만드는 것이다. 때때로 다른 신체 기관을 포기하더라도 말이다. 뇌가 죽으면 더 이상 연구할 만한 대상으로 여기지 않는 것 같다. 임사체험과 같은 분야에서 현상적 연구가 진행되어 왔지만 의식이나 마음에 관한 근본적인 연구가 뇌와 별개로 진행된 적은 없었던 것 같다.

종교는 사후 세계에 대한 과학의 입장을 반박한다. 과학은 의식의 본질과 기원에 대한 실제적인 지식을 거의 제공하지 못하는데, 무슨 근거로 죽으면 모든 것이 끝이라는 믿음을 갖는가에 대해 반문한다. 그러한 믿음은 위안을 줄지 모르지만, 그 점에서 과학의 관점은 단순한 추측에 불과하다고 한다. 게다가 과학은 깊은 명상의 집중 상태에 도달했고 스스로 자신의 전생의 존재를 보았다고 주장하는, 세상의 셀 수 없는 명상가들의 경험을 완전히 무시하고 있다. 명상가들은 의식의 문제에 있어서 자신들이 아주 혼란스럽다고 생각하지 않는데, 그 이유는 아마 그들이 아주 진지하게 2천 년 이상 의식을 경험적으로 탐구한 반면, 현대 과학은 20세기 마지막 10년까지도 대부분 의식을 간과했기 때문이라 한다.

4대 종교들은 제각기 '살과 뼈를 가진 육체 속에는 육체가 죽은 후에도 여전히 존재하는 심령적이고 활동적인 어떤 미묘한 요소가 있다'고 증언한다. 그것은 영원한 실체 또는 참나[眞我]라고도 한다. 힌두교에서는 그것을 아트마(영혼)라고 하고, 이슬람교에서는 루라고 한다. 기독교에서도 그것을 영혼이라 한다. 불교에서는 그것은 단지 정신적이고 신체적인 활동들의 복합체일 뿐이라고 말한다. 이 복합체는 끝없이 변화한다. 매 순간 정신적이고 신체적인 경험에 따라 하나에서 다른 것으로 끊임없이 탈바꿈해 나간다. 따라서 이런 믿음을 가진 사람들에게는 죽음이 절대적인 마지막일 리가 없다. 죽음은 모두에게 물질로 구성된 육체로부터 심령체(의식체)가 분리되는 것이라 보는 것이다.

구체적인 설명은 종교마다 차이가 있다 하더라도, 거의 대부분의 종교에서는 심령적이거나 의식적이라 할 수 있는 영혼의 존재를 인정하고 있다. 대부분의 종교가 전통적으로 죽음의 두려움뿐만 아니라 내생이라는 미지 세계의 두려움으로 인해 사람들이 선하게 살도록 설득해 온 것도 사실이지만, 종교가 이처럼 영혼이 있다고 주장하는 것이 내세를 상정함으로써 종교의 목적을 달성하기 위한 하나의 수단으로 여겨왔다고는 생각되지 않는다.

제20장

영혼의 실체와 의식구조

'LA에 사는 한 여자아이가 학교에서 돌아와 자기 방으로 들어갔다가, 시카고에 사는 사촌이 방 한구석에서 자기를 기다리고 있는 것을 보았다. 그때 이 애들은 모두 여덟 살이었는데, 사촌 아이는 가만히 서 있기만 할 뿐 아무 말도 없었다. 그러자 여자아이는 엄마에게 사촌이 놀러왔다고 말하려고 부엌으로 달려갔다. 그런데 엄마는 부엌에서 울고 있었다. 아이가 그 이유를 묻자 엄마는 시카고에 사는 친척 아이가 그날 아침에 사고로 죽었다는 소식을 전해주었다. 그럼 소녀가 자신의 방에서 본 사촌은 환상이었을까? 아니면 어떤 징후였을까? 아니면 단순히 연상 작용이었을까? 소녀는 자기 엄마에게 사촌이 정말로 자기 방에 있다고 말했다. 아이의 표정은 너무나도 진지했다. '정말로'라는 표현은 뭔가 확신하는 경우에 쓰는 말이 아닌가? 그날 아침 죽은 사촌 아이를 만난 것은 아이의 환상이거나 아니면 깊은 영적인 사건으로 해석될 수 있다.'

디팩 초프라의 「죽음 이후의 삶」에 나오는 얘기다. 이 LA 소녀 이야기 외에도 어떤 환영을 보았다는 경험담은 무수히 많다. 영혼은 비물질적 존재이기 때문에 사람의 육안으로는 볼 수 없다. 그런데도 분명 무엇인가를 인지한다. 이는 마음의 눈, 즉 의안(意眼)으로 보는 것이다. 의안은 제6근인 의근에 있다. 다시 말해서, 의근 안에 있는 의안으로 시각적 이미저리로 화현(化現)된 영혼을 보는 것이다. 이는 비물질적 존재인 영혼이 시각적 이미저리로 화현될 수 있다는 것을 의미한다.

의안으로 영혼의 시각적 이미저리를 볼 수 있다는 것은 에펠탑이나 자유의 여신상 같은 것을 시각적 이미저리로 보는 것과 같다. 잠들기 전에 또는 선잠이 든 상태에서 시각적 이미저리로 나타나는 입면기 환각과도 비슷하다. 입면기 환각에서는 여러 가지 시각적 이미저리가 나타난다. 꿈 연구가인 스틱골드의 경험처럼, 하루 종일 하이킹과 암벽 등반을 한 후에 잠을 자는데, 잠이 드는 순간 그날 오른 암벽에, 바위를 붙잡고 힘들게 올라가야 했던 이미저리가 반복하여 나타나는 현상과 같은 것이 입면기 환각의 한 예다. 당구나 골프를 배우던 시절 그것들에 혈안이 되어 있다면 누워 있어도 당구공이나 골프공이 눈앞에 어른거리는 것과도 같다.

영혼은 시각적 이미저리뿐만 아니라 이미저리 음성으로도 화현될 수 있다. 영혼으로부터 분명 어떤 소리를 들을 수 있다. 이는 마음의 귀, 즉 의이(意耳)로써 듣는 것이다. 꿈속에서 어떤 소리를 듣는 것과 같다. 의이 또한 제6근인 의근에 있다. 의근 안에 있는 마음의 귀로써 이미저리 음성으로 화현된 영혼의 소리를 듣는 것이다. 이는 영혼이 이미저리 음성으로도 화현될 수 있다는 것을 의미한다.

우리는 영혼의 시각적 이미저리를 통상 귀신이라 하고, 영혼의 이미저리 음성을 귀신의 음성이라 한다. 그런데 영혼의 시각적 이미저리는 육안으로 보는 것이 아니다. 영혼의 이미저리 음성도 육체의 귀로 듣는 것이 아니다. 그래서 이들을 환각 또는 환청이라고도 한다. 의학 분야에서 환각이나 환청은 심신이 건강하지 못한 상태에서 발생하는 일종의 병적인 증상이다. 심신이 건강한 상태에서는 색성향미촉이 안이비설신에 의해 올바로 각성되고 있기 때문에 영혼의 시각적 이미저리를 보거나 영혼의 이미저리 음성을 들을 수 없다. 그래서 건강한 사람에게는 귀신이 존재하지 않는다고 할 수 있다. 하지만, 시카고에 사는 친척 아이의 모습을 본 LA의 어린아이처럼 의근(마음)이 아주 순수하고 깨끗한 명정한 상태에서는 영혼의 시각적 이미저리를 보거나 영혼의 이미저리 음성을 들을 수 있다. 수행력이 높아 선정삼매에 든 도인들도 각성 상태에서 귀신을 보거나 귀신의 음성을 들을 수 있다고 한다.

시각적 이미저리나 이미저리 음성으로 화현되는 영혼의 실체는 의식의 유무가 또다른 중요한 관건이다. 사후 세계의 존재라 할 수 있는 영혼의 실체가 길가의 돌멩이나 마른 나뭇가지처럼 의식을 갖고 있지 않다면 영혼은 우리에게 관심의 대상이 되지 않았을 것이다. 우리가 영혼이나 귀신을 경외의 대상으로 보고 있는 것은 그들에게도 의식이 있고 무엇인가를 생각할 수 있는 사유능력이 있다고 생각하기 때문이다.

많은 현자들은 사후에도 의식이 사라지지 않는다고 말한다. 그들은 육신만이 죽을 뿐이라고 말한다. 유식론에서 보면, 사후 세계에서의 영혼의 의식은 수면 시의 꿈 의식과 유사하다. 수면 시에는 안이비설신이 작동하지 않아 의근에 의한 의식만이 일어나서 꿈이 된다. 사후에는 육체가 멸하였기 때문에 역시 안이비설신은 작동하지 않고 의근에 의한 의식만이 일어난다.

사후세계의 의식 구조

6감각기관(6근계) :	안근	어근	바근	설근	신근	의근
6감각대상(6경계) :	색경	성경	향경	미경	촉경	법경
6감각식(6식계) :	사식	청식	후식	미식	촉식	의식(제6식계)

죽음과 수면의 유일한 차이점은 수면은 안이비설신이

일시적으로 작동하지 않다가 다시 안이비설신이 작동할 수 있는 상태로 돌아올 수 있다는 점이다. 하지만 죽음은 그렇지 않다. 육체가 죽고 나면 다시는 안이비설신을 작동 상태로 돌아오게 할 수 없다.

불교의 우주관에 따르면, 해탈하지 못한 영혼은 육신이 멸하였다 하더라도 3계 중에서 욕계에 머무른다. 그런데 욕계는 가상의 육체(의식의 육체)가 남아 여전히 5근이 존재하고, 5근에 의한 5감각식이 일어난다.

욕계에서의 18계

6감각기관(6근계) :	안근계	이근계	비근계	설근계	신근계	의근계
	|	|	|	|	|	|
6감각대상(6경계) :	색경계	성경계	향경계	미경계	촉경계	법경계
	|	|	|	|	|	|
6감각식(6식계) :	시식계	청식계	후식계	미색경식계	촉식계	의식계(제6식계)

사후 세계에서는 의근만이 마음정보(법경)를 접하여 의식을 일으키지만, 가상의 육체가 존재하여 마치 실제의 육체가 존재하는 것과 같이 18계의 삶을 지속할 것이다. 그래서, 뱀이 우글거리는 꿈속에서 몸과 마음이 공포

에 두려워하는 것처럼, 사후 세계에서도 천당이나 지옥의 상황에 따라 행복하거나 고통스러움을 느끼게 될 것이다. 육체가 멸하면 모든 고통이 사라지는 것처럼 생각하기 쉽지만, 꿈속에서와 같이, 의식의 육체는 지은 업에 따라 고락을 함께하게 될 것이다.

제21장

환생

'윌리엄 죠오지 1세는 훌륭한 어부였다. 그는 다른 트
란짓트인(아메리카 인디언의 한 부족)과 마찬가지로 환생이
라는 것을 믿고 있었으며, 죽음이 가까워짐에 따라 환생
하고 싶은 소망이 더욱 강해졌다. 그래서 자기 아들 중
가장 마음에 드는 셋째 아들과 며느리에게 자기가 만일
환생한다면 그들의 아들로 환생하겠다고 말했다. 그리
고는 자기 몸에 있는 두 개의 반점을 가리키면서 그 아
이는 이와 똑같은 모반(母斑)을 가지고 태어날 것이니 이
표시로써 자기가 환생한 것인 줄 알라는 것이었다. 그
두 개의 반점은 하나는 왼쪽 어깨에, 또 하나는 왼쪽 팔
꿈치 옆에 있었다. 윌리엄 죠오지 1세는 죽기 얼마 전에

그의 어머니로부터 받은 금시계를 아들에게 주면서 그 시계를 잘 보관해 두라고 하였다. 훗날 환생할 것임을 나타내 보이겠다고 했다. 그리고서 몇 주일 후인 1949년 8월에 그는 자신이 일하던 어선에서 실종되고 말았다.

그 뒤에 얼마 안 가서 셋째 며느리는 임신을 하여 1950년 5월에 아기를 낳았다. 이 아이는 아홉 번째 아이였다. 윌리엄 죠오지 1세의 실종이 있은 지 9개월이 경과한 뒤였다. 며느리는 출산시의 진통 중에 꿈을 꾸었다. 시아버지가 나타나서 빨리 자기 아들과 만나고 싶다고 말하는 것이었다. 그녀는 너무 놀라서 꿈에서 깨어난 뒤, 마치 시아버지가 있는 것 같은 환각에서 주위를 살펴보았다고 한다. 그녀가 꿈속에서 본 시아버지는 죽기 전의 어른 모습 그대로였다.

태어난 아기에게는 시아버지의 경우처럼 왼쪽 어깨와 왼쪽 팔에 검은색의 모반이 있었다. 이로 인하여 아기에게는 윌리엄 죠오지 2세라는 이름이 붙여졌다. 그는 성장하면서 그의 할아버지 윌리엄 죠오지 1세의 환생이라는 확신을 더욱 갖도록 하였다. 1세와 얼굴이 닮은 것은 물론이고 걸음걸이와 성격까지도 비슷하였다. 그리고 고

기잡이나 배에 대해서 많은 지식을 갖고 있었고, 어느 만(灣) 부근이 제일 좋은 어장이라는 것도 알고 있었으며, 어선의 그물 사용법도 배우기 전부터 이미 아는 듯이 보였다. 어느 날 그의 어머니가 보석함을 정리하고 있는데, 방에 우연히 들어왔다가 금시계를 보더니 "이건 내 것이야" 하면서 자기가 갖겠다고 하는 것이었다. 그 후 열 살쯤 되면서부터는 전생기억들이 거의 없어졌다.'

성철스님의 「영원한 자유」에 실린 스무 가지 환생 사례 중의 하나다. 죽은 후에 인간으로 다시 환생한 사례는 이 외에도 무수히 많다.

1982년 한 여론 조사에 따르면 미국인 네 사람 중 한 명은 환생을 믿는다고 한다. 유물론과 과학이 일상의 거의 모든 부문을 지배하고 있는 것을 고려할 때, 이러한 조사 결과는 놀라운 일이다. 그러나 대부분의 사람은 아직도 죽음 이후의 삶에 대해 거의 아무런 생각이 없으며 그런 것이 있으리라고는 꿈도 꾸지 못하고 있다. 증거 없는 것은 믿을 수 없다고 생각하는 것이다. 그러나 삶 이후의 삶이 존재하지 않는다는 것 또한 증거가 없긴 마찬가지다.

어느 시대에나 최고의 깨달음을 얻은 이들은 인간에게
는 여러 개의 전생이 존재하며 인간은 계속해서 환생한
다고 가르친다. 자신의 카르마에 따라 지옥계에서 형벌
을 겪거나 천상계에서 즐거움을 누리는 일이 다 마무리
되면 다시 태어난다는 것이다. 대부분의 사자(死者)들은
성교하는 남자와 여자의 환영을 보는 순간 곧바로 지상
에 환생한다고 한다. 환생의 단계에 이르면 사자는 자신
이 실질적인 육체를 갖고 있지 않다는 사실을 깨닫고 다
시 한번 지상에서의 삶을 누리기 위해 육체를 갖기를 간
절히 소망한다는 것이다. 프로이트 학파의 심리학자들도
남자로 태어나게 될 사자는 남자의 느낌을 갖게 되며 동
시에 아버지가 될 사람에게 강한 적개심을 품고 어머니
가 될 사람에게는 애정을 느낀다고 주장한다.

불교에서는 사후 세계의 영혼이 인간, 축생, 지옥, 아
귀, 아수라, 천상의 6도(六道) 중에서 환생하여 윤회한다.
이들은 모두 욕망을 소멸하지 못한 중생들이 사는 세상
으로, 욕계에 해당한다. 이중에서 인간과 축생은 물리적

인 세상으로, 물리적인 육체를 갖게 되고 안이비설신이 작동하는 세상이다. 천상, 지옥, 아귀, 아수라는 물리적인 세상이 아니고 식의 세계다. 이들 식의 세상에서 영혼은 물리적인 육체가 아니라 의식의 육체(가상의 육체)를 갖는다.

영혼이 환생한다고 할 때, 그 영혼에게 식에 관한 정보가 없다면 즉 과거 생에 대한 아무런 정보를 갖고 있지 않다면 영혼의 환생은 아무런 의미가 없다. 영혼의 환생이 의미를 갖기 위해서는 영혼은 분명 전생에 관한 정보를 간직하고 있어야 한다. 그 정보들은 모두 영혼의 아뢰야식에 저장되어 있다. 그리고 그 정보들은 불멸하는 영혼의 의근에 의해 읽혀진다. 결국 영혼은 식의 주체인 의근과 식의 객체(대상)인 법경(마음정보)으로 이루어진 의식체라 할 수 있고, 그 의식체가 환생의 주체라 할 수 있다.

티벳불교의 창시자 파드마삼바바는 그의 저서 『티벳 死者의 書』에서 이 의식체에 대하여 상세히 설명한다. 그 책에 따르면, 죽음의 과정은 육체로부터 의식체를 완전히 분리하는 것으로 끝이 난다. 이때의 의식체를 바르도 (Bardo) 체(體)라 하는데, 바르도 체란 사후 세계의 중간 상태인 바르도에 머물러 있을 때 갖는 몸을 말하며, 중음체 또는 중음신이라고도 한다.

바르도는 '사이(Bar)'와 '둘(do)'을 뜻한다. 바르도는 삶과 죽음 사이에서 다시 6가지로 설명한다. 인간 세상에서 깨어있는 의식 상태, 다시 말해 정상적인 의식 상태는 키에나 바르도이고, 꿈속의 의식 상태는 미람 바르도이다. 깊은 명상 상태인 초월의식 상태는 삼탄 바르도이며, 죽음을 경험하는 순간의 의식 상태는 치카이 바르도, 존재의 본래 모습을 체험하는 의식 상태는 초에니 바르도, 환생을 찾는 의식 상태는 시드파 바르도다.

사자는 자신이 죽었음에도 불구하고 여전히 살과 뼈가 있는 육체를 갖고 있다는 착각에 빠질 가능성이 크다고 한다. 이런 착각을 미망(迷妄)이라 한다. 그러나 자신이 실제로는 그런 몸을 갖고 있지 않다는 것을 깨닫는 순간, 육체를 소유하려는 강렬한 욕망을 갖기 시작한다고 한다. 그리하여 환생의 길을 찾는 시드파 바르도에 들어가게 되고, 마침내 그는 자신의 카르마가 선호하는 결정에 따라 6도 중의 한 세상에 환생을 하고, 그것으로써 사후 세계는 끝이 난다고 한다.

제22장

전생을 기억하지 못하는 이유

우리가 이전에도 살았던 적이 있었다면, 왜 우리는 그것을 기억하지 못하는가? 우리가 전생의 삶을 기억할 수 없다는 것이 어째서 우리가 이전에 결코 살았던 적이 없음을 뜻해야 하는가? 어린 시절의 경험, 또는 어제 있었던 일, 심지어 한 시간 전에 생각한 것조차도 그것이 일어나는 순간에는 생생하지만, 그에 대한 기억은 마치 일어난 적이 없었던 것처럼 거의 완전히 사라져버리는 법이다. 만약 우리가 지난 월요일에 무엇을 하고 무엇을 생각했는지도 기억할 수 없다면, 어찌 전생에 있었던 일을 기억하는 것이 쉽고 통상적인 일이겠는가?

환생에 대한 실제적인 예들이 많이 보고되고 있지만, 과학적으로 입증할 수 없기 때문에 전생이나 환생은 아직까지 막연한 추측에 머무르고 있다. 모든 사람이 자기의 전생을 기억할 수 있다면 환생을 쉽게 인정할 수 있을 텐데 불행히도 거의 대부분이 전생을 기억할 수 없다. 간혹 전생을 기억해 낸다 하더라도 그 사실관계가 맞는 것인지 입증하기 어렵다.

전생에 대한 사실관계의 입증이 불가하더라도, 인간은 전생을 찾고자 많은 노력을 하여 왔다. 그 방법 중의 하나가 최면이다. 최면은 전생에 관한 정보가 무의식에 저장되어 있다고 보고 그 정보를 읽고자 하는 하나의 방법이다. 최면은 5감각과 인위적인 생각, 즉 제6식을 차단하고 의근으로 하여금 무의식에 접근하여 떠오르는 의식을 인식하는 기법이다.

전생의 정보를 읽을 수 있는 다른 가능성은 수면 시의 꿈에 있다. 수면 시에는 안이비설신에 의한 정보가 차단되기 때문에 의근이 아뢰야식에 저장된 정보를 접촉할 수 있는데 이때 전생에 관한 정보가 접촉되면 자기의 전생을 알 수 있다는 것이다. 칼 융은 생전에 경험하지 않은 내용이 꿈속에 등장하는 것을 보고 꿈을 집단 무의식의 산물이라 하였다. 집단 무의식은 태어날 때부터 갖추어진 인간 고유의 원초적이며 보편적인 특성을 나타내는 무의식적 심층을 뜻하는 것으로, 유식론적으로 보면 아뢰야식에 저장된 전생에 관한 정보라 할 수 있다.

명상을 통해서도 전생을 알 수 있다고 한다. 오랜 명상 수행을 한 결과로 좀 더 깊은 체험을 하게 되는 경우가 있는데, 그 때 전생을 기억하게 된다는 것이다. 20~30개의 전생을 기억할 수 있는 사람들도 있다고 한다. 명상 수행을 통해 의식의 투명성이 고양되면서 기억력도 매우 뚜렷해진다고 한다. 이는 기억의 힘이 증가하면, 전생에 대한 기억력도 증가한다는 것을 의미한다.

새로운 몸을 받아 환생하여 그 직전의 생에 관한 정보를 읽는 것은 잠에서 깨어 어제의 정보를 기억하는 것과 같다. 잠을 잔다고 해서 잠자기 전인 어제의 정보가 사라지는 것은 아니다. 잠에서 깨면 다시 과거의 기억이 그대로 유지된다. 그런데 죽은 후에 다시 태어나면 왜 전생의 정보가 기억나지 않는 것일까?

잠에서 깨어난 상태와 환생으로 다시 태어난 상태 사이에는 언어와 문자의 지속성에 차이가 있다. 잠은 언어와 문자의 지속성에 영향을 주지 않지만, 육체의 죽음은 그 지속성을 단절시킨다. 잠을 잔다고 해서 하던 말이나 쓰던 글을 잊어버리지 않는다. 그러나 죽음으로부터의 환생은 말을 할 수 없고 글을 모르는 상태로 만들어버린다. 잠에서 깨어나면 의근은 아뢰야식에 저장된 어제의 정보를 읽고 그것을 말이나 문자를 사용하여 표현하고 소통한다. 환생을 하면 의근은 역시 아뢰야식에 저장된 전생의 정보를 읽을 수 있다. 하지만 불행히도 그것을 표현할 방법이 없다.

의근과 아뢰야식에 저장된 법경(마음정보)은 시간과 공간을 초월하여 항상 거기에 있었다. 하지만 태초에 말이 있었던 것이 아니다. 태초에 문자가 있었던 것도 아니다. 언어나 문자는 인간이 소통을 위하여 만든 도구에 불과하다. 언어는 극히 제한되지만 동물들에게도 있다. 언어는 인간을 비롯하여 모든 동물에게 지극히 습관적인 산물이다. 한국에서 태어났기 때문에 한국말을 습관적으로

배울 수 있었던 것이다. 언어와 문자는 습득하는데 적지 않은 시간이 걸린다.

인간이 태어나자마자 말을 할 수 있다면, 마치 잠에서 깨어난 것처럼 그의 아뢰야식에 저장되어 있는 전생에 관한 정보를 기억하여 표현할 수 있을 것이다. 그러나 말은 습관적 산물이기 때문에 그럴 수는 없다. 인간은 태어나 성장하면서 말을 배운다. 두세 살이 되면 쉬운 단어들을 알아듣고 간단한 소통을 시작한다. 말을 배워서 의사표현을 시작하는 그 시점에 아이들은 전생에 관한 얘기를 하는 경우가 있다고 한다. 그 시점에 느닷없이 '나는 전생에 어느 곳에 살던 누구인데 이러이러한 생활을 했다'라는 식으로 이야기를 한다는 것이다.

말을 배우기 시작하는 두서너 살의 아이들은 글도 모르고 말도 잘 모르기 때문에 금생에서의 정보가 그들의 아뢰야식에 아직 많이 입력되지 않은 상태다. 그들의 야뢰야식 표면에는 바로 과거생의 정보가 운집해 있고 그런 정보들이 쉽게 의근을 접촉하게 된다. 어린아이로서 학습한 바도 없고 경험한 바도 없는데 느닷없는 얘기를 하게 된다면 그것이 바로 전생에 관한 얘기일 가능성이 높다. 하지만, 그런 얘기를 몇 마디라도 하는 경우는 흔하지 않다. 어린아이의 성장 과정을 보면 그 이유를 알 수 있다.

갓 태어난 아이들은 말과 글을 모르지만 해결해야 할 급한 문제들이 있다. 바로 안이비설신에 의한 갈망으로, 본능적인 문제들이다. 아이들에게는 당장 배고픔을 해결해야 하고 추위와 더위를 해결해야 하며 오줌으로 축축해진 몸을 해결해야 한다. 울음은 그 문제 해결을 위한 유일한 소통방식이다. 이 시절의 의식은 본능에 관한 것이 전부이지만, 그것은 아이들에겐 대단히 중요한 일이다. 그렇게 생성된 정보들이 아뢰야식에 저장되기 시작한다. 전생의 정보 위에 차곡차곡 쌓이기 시작하는 것이다. 차츰 성장하면서 눈으로 보고 귀로 듣고 코로 냄새맡고 혀로 맛보고 피부로 느끼는 정보가 늘어난다. 그들 정보도 모두 아뢰야식에 쌓이기 시작한다.

말과 글을 배우면서 정보는 폭발적으로 늘어난다. 이쯤 되면 전생에 관한 정보는 아뢰야식의 아주 깊숙한 곳으로 밀려난다. 그리고 전생에 관한 정보는 그들의 관심사가 아니다. 새로운 것을 배우고 경험해야 하며, 유치원부터 초등학교, 중등학교를 거쳐 치열한 경쟁 속으로 내몰린다. 전생에 대한 기억은 깊숙이 묻히게 된다.

그런데, 죽음 후의 환생이 언어와 문자의 지속성을 단절시키는 것은 지극히 당연한 자연의 섭리다. 만일 죽음 후의 환생이 언어와 문자의 지속성을 단절시키지 않아 잠에서 깨어난 것과 같이 모두 전생을 기억해내서 표현할 수 있다면 인간 세상은 매우 혼란스러웠을 것이다.

유식론에서 보면, 전생을 기억해내는 것은 의근으로 아뢰야식 깊숙이 저장되어 있는 정보를 읽는 것이다. 그런데 우리는 아뢰야식에 저장된 정보를 읽는 프로그램인 의근을 가동시켜 본 적이 없다. 환생한 몸으로 식욕, 물욕, 색욕, 명예욕을 성취하기 위하여 색성향미촉법으로 이루어진 정보가 전생의 정보를 겹겹이 막고 있는데 한 번도 가동해보지 않은 프로그램으로 그 정보를 읽으려 하는 것은 무딘 바늘로 두꺼운 철판을 뚫으려 하는 것보다 더 어려운 일일 것이다.

제23장

환생의 추동력—카르마

윤회를 반복하는 6도 중에서 천상, 아수라, 아귀, 지옥
은 육체가 멸한 사후에 영혼(의식체)이 가는 세상이다. 6
도 중에서 인간과 축생만이 물리적 육체를 갖는 세상으
로, 사후에 영혼이 환생한다는 것은 인간이나 축생의 세
상에 다시 태어나는 것이다. 그런데, 동물계에서 최상의
존재인 인간은 그의 죄가 아무리 극악한 것일지라도 단
번에 동물이 되는 일은 없다고 한다. 갑자기 동물에서 인
간으로, 또는 인간에서 동물로 건너뛰는 일은 없다고 한
다. 그렇다면 인간은 다시 인간으로 태어나야 한다. 5억
죄를 지어 지옥에 떨어진다 하더라도, 그곳에서의 수명이
다하면 다시 인간으로 태어나야 한다.

『티벳 死者의 書』에 따르면, 사자의 영혼은 꿈의 세계인 바르도를 통과해 살과 뼈를 가진 인간의 자궁 속으로 들어간다. 사자는 스스로 선택한 자궁 속에서 육체적 성장을 시작하여 사람으로 태어난다. 부모의 성교는 의지적인 행위이지만, 그 부모를 선택하는 것은 영혼의 몫이다.

사자가 환생한다면, 그 법칙은 어떤 것일까? 어떤 사람은 어떻게 부유한 집안에 태어나고 어떤 사람은 왜 그렇지 못할까? 환생의 법칙에 어떤 일관성이 있다면 그 일관성의 본질은 무엇인가? 깨달은 의식의 관점에서 석가모니 붓다의 주장은 환생에 일관성이 있으며, 어떤 형태의 행위는 어떤 형태의 결과를 가져온다는 것이다. 환생에 관한 그 일관성을 카르마라 한다.

카르마는 일반적으로 습기(習氣), 업(業,) 행위(行爲) 등으로 설명하지만, 실제적인 의미는 이보다 더 복잡하다. 산스크리트 용어인 '카르마'는 인류학적인 용법에서 매우 복잡하고 이론이 분분한 용어다. 카르마는 행위들의 본질과, 장기간에 걸친 그 결과들이 시간이 지나면서 어떻게 종결되는가를 다룬다.

카르마는 행위에 대한 결과물로서 업이라고도 하는데, 그 업은 행위로부터 비롯된 힘 즉 에너지를 갖는 정보다. 그 정보는 아뢰야식에 고스란히 저장된다. 업은 불교의 근본적인 도덕 즉 계율과 동일한 체계를 갖는 것으로, 신구의(身口意) 3업으로 정의한다. 몸으로 짖는 업이 신업 (身業)이고, 입으로 짖는 업이 구업(口業)이며, 마음(생각) 으로 짖는 업이 의업(意業)이다. 몸조심, 입조심, 생각조심 하라는 것은 바로 신구의 3업을 잘 지으라는 것이다.

신업에는 살생, 도둑질, 사음(邪淫) 3가지가 있고, 구업 에는 망어(妄語: 거짓말), 기어(綺語: 꾸미는 말), 양설(兩舌: 두 가지 말(이간질)), 악구(惡口: 욕설) 4가지가 있으며, 의업 에는 탐심(貪心: 욕심), 진심(嗔心: 분노), 치심(癡心: 어리석 음) 3가지가 있다. 이들을 바르게 행하면 십선업(十善業) 을 짖게 되고, 이들에 반하게 행하면 십악업(十惡業)을 짖 게 되는 것이다. 선업을 짖느냐 아니면 악업을 짖느냐에 따라 카르마는 그에 따른 에너지가 생성된다.

유식론에서는 카르마를 행위로부터 얻어진 기운이라

하여 습기(習氣: habit energy)라 하는데, 이는 습관이나 행위에 의하여 축적된 힘 또는 에너지를 의미하고, 그 카르마의 에너지가 환생의 추동력이 된다고 한다.

다르게 표현하면, 카르마는 한(恨)이다. 한이 많이 맺힐수록 카르마의 힘도 커진다. 한 중에서 가장 큰 한은 자기의 생명이 죽임을 당하는 것이다. 불교뿐만 아니라 모든 종교에서 가장 중요한 위치를 차지하고 있는 계율이 바로 불살생계다. 다른 생명을 죽이지 마라는 것이다. 누군가에 의해서 죽임을 당할 때 가장 강력한 카르마가 만들어지기 때문이다. 스스로 목숨을 끊는 것도 자신의 영혼에 강력한 원한의 카르마를 심는 것이다.

다른 생명을 죽이는 사람은 그 강력한 카르마에 의한 과보를 받게 된다. 죽임을 당할 때 만들어지는 강력한 카르마를 갖는 영혼은 가해자의 영혼을 찾아 복수의 기회를 노린다. 피해자의 영혼이 가해자의 영혼을 찾는 것은 시공간을 초월하여 이동하는 영혼에게는 일도 아니다. 보복의 연속이 될 수 있다. 이러한 악순환을 끊기 위해서는 카르마의 한을 풀어줘야 한다. 죄지은 자에게 참회를 요구하고 억울한 자에게 용서를 베풀도록 하는 것은 바로 카르마의 한을 풀어 악순환의 고리를 끊기 위함이다.

윤회는 결코 중단되지 않는다. 끊임없이 환생하는 윤회계는 마치 하나의 공이 핀볼 기계 안에서 이리저리 무한히 움직이는 것과 같다. 윤회는 습관적 패턴의 연료를 공급받는 한 그 자체의 운동량으로 움직인다. 환생은 바로 카르마에 내포된 습관적 에너지에 의해 진행된다. 윤회는 오직 우리가 혁명적인 조치를 취해서 어리석음의 습관적 패턴을 깰 때에만 멈춘다고 한다.

불교의 가르침은 의식의 흐름에 새겨진 부정적인 카르마의 씨앗들을 무효화하는 게 가능하다. 행위는 원상태로 되돌릴 수 없지만, 카르마 씨앗들의 영향이 무효화되도록 마음의 흐름을 정화시키는 것은 가능하다. 환생의 추동력이 되는 카르마를 무력화하기 위해서는 원한의 에너지를 소멸시켜야 한다. 궁극적으로 본성광명의 상태 즉 깨달음의 상태에 이르러야 한다.

육신이 죽은 후에는 아무것도 없다거나 죽은 후의 세계에 대해서는 알 수 없으니 금생에서의 색성향미촉법에 의한 행복만이 지고하다는 생각만을 가지고 살다가 죽을 것인지, 아니면 우리가 죽으면 절대적인 유일신이 사후의 우리를 구원해줄 것이라는 믿음만을 가지고 살다가 죽을 것인지, 아니면 금생에서 지은 업에 따라 환생할 다음 생을 자기 스스로 선택하게 될 것이라는 생각을 가지고 살다가 죽을 것인지는 각자의 마음에 달려있다.

제4부

유식론과
금강경

제24장

마음의 실천강령-금강경

금강경은 우리나라나 중국의 불교 조계종에서 소의경전(所依經典)으로 삼고 있는 중요한 경전이다. 소의경전이란 신행(信行)을 비롯하여 교의적(教義的)으로 의거하는 근본 경전을 의미한다. 금강경은 5,149자의 한자로 이루어지고, 모두 32품(장)으로 구성된다. 소리 내어 암송한다면 약 30분 정도 걸리는 분량이다.

금강경은 석가모니 부처님이 1,250인의 사부대중이 모인 자리에서 부처님 12제자 중의 한 분인 수보리 존자와 대화체로 설법하신 경전이다. 수보리 존자가 질문하면 부처님이 답변하고, 또 부처님이 수보리 존자에게 질문한 후 스스로 답변하는 형식으로 되어 있다. 금강경을 암송해보면, 부처님의 설법을 생생하게 듣는 느낌이 든다.

그런데, 우리나라나 중국에서 소의경전으로 삼을 만큼 중요한 경전인 금강경에는 부처님을 숭배하거나 부처님의 권능을 찬양하는 내용은 없다. 석가모니 부처님의 근본적인 가르침인 고집멸도(苦集滅道)에 관한 4성제(四聖諦)나 고통에서 벗어나는 방법인 8정도(八正道)에 관한 내용도 없다. 불살생계와 같은 계율을 지키라든가 자비를 베풀라는 내용도 없다.

금강경은 오로지 마음에 대해 설하고 있다. 금강경에서 수보리 존자의 첫 번째 질문은 아뇩다라삼먁삼보리(무상정등정각(無上正等正覺)으로 모든 지혜를 깨우친 경지의 마음)를 얻기 위해서 마음을 어떻게 내야 하느냐 하는 것이다. 그러기 위해서 부처님은 아상(我相)을 버려야 한다고 한다(제3품: 대승정종분(大乘正宗分)). 이것이 금강경에서의 부처님의 제1성이다.

아상은 아치(我痴), 아견(我見), 아만(我慢), 아애(我愛)로서, '이기적인 자아(ego)'로 인한 잘못된 견해를 의미한다. 나아가, 인상, 중생상, 수자상도 버리라고 하는데, 아상과 함께 이들을 4상이라 한다. 다른 표현으로, 아견, 인견, 중생견, 수자견이라고도 하는데, 금강경에서는 이를 각각의 상황에 따라 15번이나 반복하면서 그 중요성을 설하신다.

금강경의 두 번째 설법은 무주상보시(無主相布施)를 하라는 것이다(제4품: 묘행무주분(妙行無住分)). 보시를 하되 색성향미촉법의 경계에 머무르지 말고 보시를 해야 복덕이 무량하다는 것이다. 오른손이 하는 일을 왼손이 모르게 하라는 성경 말씀과 같은 것이다.

부처님의 세 번째 설법은 색성향미촉법과 같은 상(相)에 머무르지 말고, 상을 떠나서 보아야 본래면목을 볼 수 있다고 한다(제5품: 여리실견분(如理實見分)). '범소유상 개시허망 약견제상비상 즉견여래(凡所有相 皆是虛妄 若見諸相非相 卽見如來)'의 가르침이다. 이는 금강경에서 중요한 4구게(四句偈) 가르침의 하나다. 겉모양[相]을 갖는 것들은 모두 우리를 속이기 쉬우니, 그 겉모양에 속지 말아야 여래(진여)를 볼 수 있다는 뜻이다. 어둠이 깔리기 시작하는 무렵 술 냄새를 풍기면서 지나가는 여인을 바라보며, 행실이 나쁜 여자라느니, 기분 좋게 한잔했다느니 등등의 생각을 하지 말라는 것이다. 그런 생각들은 선입견, 편견, 분별망상일 수 있으니, 겉모양으로는 속기 쉬워 그 여인의 실상을 볼 수 없다는 것이다.

금강경 32품 중에서 설법 준비를 위한 처음 두 품을 제외하고, 나머지 30품이 이런 방식으로 마음에 관하여 설법한 내용이다. 제10품(장엄정토분(莊嚴淨土分))에서는 청정한 마음을 내는 방법에 대해 설하시는데, 그것은 '응여시생청정심 불응주색생심 불응주성향미촉법생심 응무소주 이생기심(應如 是生淸淨心 不應住色生心 不應住聲香味觸法生心 應無所住 而生其心)'이다. 이는 청정한 마음을 내기 위해서는 6경계인 색성향미촉법에 머무르지 않고 경계를 떠나 마음을 내야 한다고 가르친다. 금강경의 핵심적인 내용으로, 가장 확실한 마음의 행동강령이다. 많은 불제자들이 이 4구게의 가르침으로부터 깨달음을 얻었다고 한다. 6감각의 감각대상인 6경계인 색성향미촉법에 대하여 이토록 설법한 종교의 경전은 아마 불교가 유일하다고 할 것이다. 금강경은 이처럼 유식사상의 핵심을 담고 있다.

그리고, 금강경 전반에 걸쳐 반복하면서 강조하는 내용이 두 가지가 있다. 그중 하나가 명색(名色)에 속지 말고 실재 또는 실상을 바로 보라는 것이다. 부처님은 반야바라밀[지혜]을 설하고는 반야바라밀을 설한 바 없다고 한다. 그리고는 그 반야바라밀은 반야바라밀이 아니라 그 이름이 반야바라밀이라고 한다. 아견을 버리라고 설하고는 아견을 설한 바 없다고 한다. 그 아견은 아견이 아니라 그 이름이 아견이라고 한다. 중생도 중생이 아니라 그 이름이 중생이라 한다. 궤변 같은 이러한 형태의 문장이 금강경에는 무려 서른 번이나 나온다. 그 이유는 바로 이름[名]이나 형상[色]에 속지 말고 실재 또는 실상, 즉 본래면목을 보라는 것이다.

두 번째로 강조하는 내용은 금강경의 무량한 복덕이다. 갠지스 강가의 모래알 수만큼의 금은보화로 보시하는 것보다 금강경 4구게 가르침 한마디를 일러주는 것이 더 복덕이 크다고 한다. 삼천대천세계를 다 채울 만큼의 보석으로 보시하는 것보다 '범소유상 개시허망'이나 '응무소주 이생기심' 같은 금강경 4구게를 타인에게 설하는 것이 복덕이 더 수승하다고 한다. 법보시(法布施)가 재보시(財布施)보다 복덕이 훨씬 더 크다는 의미다.

금강경에서는 이를 아홉 번이나 반복하여 4구게 가르침의 중요성을 강조한다. 이것은 금강경의 의미를 엄청나게 과장하는 것처럼 들릴 수 있다. 하지만, 마음정보가 저장되는 아뢰야식의 중요성을 이해한다면, 그것은 결코 과장이 아님을 알 수 있다. 갠지스강 가의 모래알 수와 같은 보석은 물질적 풍요와 행복을 가져다 줄 수 있어도 청정한 마음을 내는 데에는 아무런 도움을 주지 못한다. 모래알 같은 보석은 없어질 수 있고 없어지면 그만이지만, 아뢰야식에 저장된 마음정보는 영원히 남게 된다. 아뢰야식에 저장된 가르침은 지혜를 얻게 하고 궁극적으로 깨달음을 얻게 할 수도 있다.

부처님은 마지막 제32품(응화비진분(應化非眞分))에서 '일체유위법 여몽환포영 여로역여전 응작여시관(一切有爲法 如夢幻泡影 如露亦如電 應作如示觀)'이라 설하신다. 이는 금강의 결론이다. 원인과 조건과의 결합을 통하여 나타나는 모든 현상들은 꿈 같고 환영 같고, 물거품 같고 그림자 같고, 이슬과 같고 번개와 같으니, 유위법의 물질세

계에서는 사물을 그렇게 보라고 한 것이다. 색성향미촉
법에 집착하지 말고, 사물을 있는 그대로 보라는 것이다.

반야심경 - 불생불사(不生不死)의 무위세계(無爲世界)

불교 경전 중에서 핵심 중의 핵심이 〈반야심경〉이다.
반야심경은 기도를 하거나 법회를 할 때 빠짐없이 암송
하는 경전이다. 모두 260자로 이루어져 있어서 불교 경
전 중에서 가장 짧은 경전이다. 하지만 반야심경은 모든
불교 경전을 아우러 정점에 이르는 경전의 꽃이요 불교
의 정수다. 반야심경은 궁극의 세계에 도달한 후에 궁극
의 진리를 설한 경전이다.

摩訶般若波羅蜜多心經

(마하반야바라밀다심경)

觀自在菩薩 行深般若波羅密多時 照見五蘊皆空 度
一切苦厄

(관자재보살 행심반야바라밀다시 조견오온개공 도일체고액)

舍利子 色不異空 空不異色 色卽是空 空卽是色 受想行識
亦復如是(사리자 색불이공 공불이색 색즉시공 공즉시색 수상행식
역부여시)

舍利子 是諸法空相 不生不滅 不垢不淨 不增不減

(사리자 시제법공상 불생불멸 불구부정 부증불감)

是故 空中無色 無受想行識 無眼耳鼻舌身意 無色聲香味觸
法 無眼界 乃至 無意識界

(시고 공중무색 무수상행식 무안이비설신의 무색성향미촉법 무
안계 내지 무의식계)

無無明 亦無無明盡 乃至 無老死 亦無老死盡

(무무명 역무무명진 내지 무노사 역무노사진)

無苦集滅道 無智 亦無得 以無所得故

(무고집멸도 무지 역무득 이무소득고)

菩提薩陀 依般若波羅密多

(보리살타 의반야바라밀다)

故心無罣碍 無罣碍故 無有恐怖 遠離顛倒夢想 究竟涅槃

(고심무가애 무가애고 무유공포 원리전도몽상 구경열반)

三世諸佛依般若波羅密多 故得阿耨多羅三藐三菩提

(삼세제불의반야바라밀다 고득아뇩다라삼먁삼보리)

故知般若波羅密多 是大神呪 是大明呪 是無上呪 是無等等
呪 能除一切苦 眞實不虛

(고지반야바라밀다 시대신주 시대명주 시무상주 시무등등주 능
제일체고 진실불허)

故說般若波羅密多呪 卽說呪曰

(고설반야바라밀다주 즉설주왈),

揭諦揭諦 波羅揭諦 波羅僧揭諦 菩提 娑婆訶

(아제아제 바라아제 바라승아제 모지 사바하)

반야심경은 모든 것이 공(空)하다는 것을 설한다. 물질
계와 정신계를 아우르는 만유(萬有)에 해당하는 5온(五蘊:
색수상행식)이 공(空)하다고 설한다. 색도 공하고, 수상행
식도 공하고, 그래서 공이 색이고, 공이 또 수상행식이다.
제법이 공하기 때문에, 나고 죽는 것도 없으며, 더럽고
깨끗한 것도 없고, 늘어나거나 줄어드는 것도 없다. 유위
법의 물질세계에서는 쉽게 이해할 수 없는 설법이다.

제법의 공성(空性)을 이해해야 반야심경의 이 설법을
이해할 수 있다. '무(無: Nothing)'나 '비유(非有)' 개념으

로서의 '공(空)'이 아니라, '비무(非無)'나 'Emptiness' 개념으로서의 '공(空)'을 이해해야 한다. '10'이나 '1000'에서의 '0'이 '0'이나 '000'에서의 '0'과 동일하지 않듯이, 'Nothing'으로서의 '0'이 아니라, 'Emptiness'로서의 '0'을 이해해야 한다.

그다음 설법은 더 파격적이다. 아예 색도 없고, 수상행식도 없다고 한다. 식(識)의 주체가 되었던 안이비설신의도 없고, 식의 대상이었던 색성향미촉법도 없고, 그로부터 일어나는 6가지 식도 없다고 설한다. 유일하게 식만이 존재한다던 유식론의 뿌리와 대상 그리고 현상을 모두 부정하는 것이다. 무명(無明)도 없고, 무명이 다함(無明盡)도 없고, 늙고 죽는 것도 없고, 늙고 죽는 것이 다함(老死盡)도 없고, 고집멸도(苦集滅道) 4성제도 없고, 지혜라는 것도 없고, 그래서 아무것도 얻을 것이 없다고 설한다. 붓다가 평생 동안 애지중지하며 가르쳤던 것들이다. 붓다는 평생 동안 무명을 타파하여 지혜를 얻으라고 가르쳤다. 지혜를 얻어서 무명을 타파하라고 가르쳤다. 그런데 그토록 강조하던 무명도 없고 지혜도 없고 모든 것이 없다니 파격 그 자체다.

이는 강을 건넌 후에 뗏목을 버리라는 것이다. 강을 건너온 후에 뗏목에 집착하지 말라는 것이다. 뗏목은 강을 건너기 위해서 필요할 뿐이다. 그런데 우리는 강을 건너온 후에 뗏목을 짊어지고 가려한다. 피안(彼岸)의 땅을 건너왔는데 무엇이 더 필요하단 말인가! 불생불사의 무위세계에 도달했는데 집착할 무엇이 아직도 더 남아있단 말인가! 반야심경은 피안의 강을 건너온 후에 암송해야 할 경전이다. 탐욕과 분노와 어리석음으로 점철된 차안(此岸)의 땅에서 반야심경을 읽어본들 수박을 겉핥는 것에 불과하다.

이런 의미를 갖는 경전에 의지하다보니 마음에 걸림이 없고(心無罣碍), 마음에 걸림이 없으니 고통이 따르지 않고(無罣碍故), 두려움도 없으며(無有恐怖), 헛되고 잘못된 생각을 떠나보내(遠離顚倒夢想) 궁극의 세계에 이르니라(究竟涅槃). 3세의 모든 부처님들이 이 경전에 의지하여 아뇩다라삼먁삼보리(무상정등정각(無上正等正覺))를 증득했듯이, 이 반야심경은 가장 신비한 주문이며(是大神呪), 가장 밝은 주문이며(是大明呪), 가장 높은 주문이며(是無上呪), 어느 것에도 견줄 수 없는 주문이며(是無等等呪), 능히 온갖 괴

로움을 없애주고(能除一切苦), 진실하여 거짓이 없는(眞實不虛) 주문이니, 그리 알고 피안으로 가는 노래나 부르자고 한다.

揭諦揭諦 波羅揭諦 波羅僧揭諦 菩提 娑婆訶

(아제아제 바라아제 바라승아제 모지 사바하)

'가세 가세, 어서 가세, 저 피안을 향해서, 열반의 세계로'

제25장

유식론의 형성과정 및 개요

유식사상의 원류는 석가모니 붓다에게 있으나 이 사상을 교학적으로 체계화한 것은 미륵(彌勒: Maitreya, A.D 270~350년)이며, 그 뒤를 이어 무착(無着: Asāṅga, A.D 300~380년)과 세친(世親: Vasubandhu, A.D 320~400년)이 대성시켰다.

무착은 북인도의 간다라 지방에서 출생하여 처음에는 소승불교로 출가하였으나 나중에 대승불교로 전향하였고, 그의 주요 저서로는 용수보살의 「중론(中論)」을 부분적으로 주석한 「해심밀경(解深密經)」과 「대승아비달마경(大乘阿毘達摩經)」에 기초하여 유식설을 조직한 「섭대승론」이 있다.

세친은 무착의 친동생으로 처음에는 무착과 같이 소승 유부(有部)로 출가하였으나, 나중에 무착의 권유에 따라 그 동안 대승불교를 비방한 잘못을 뉘우치고 대승으로 전향하여 유식학을 크게 이루었다. 유식과 관련한 그의 저서로는 「유식30송(唯識三十頌)」, 「유식20론(唯識二十論)」이 있다. 그중에서 「유식30송」은 게송만 남기고, 주석을 달지 않아 너무 간결하였으므로, 뒤에 많은 논사들이 주석을 달아 유식학이 번성하게 된 저작이다.

불교의 유식사상은 중국으로 전파되어 법상종(法相宗)이라는 불교의 한 종파를 이룬다. 법상종은 삼장법사 현장(A.D 602~664)이 인도에서 유식학을 수학한 후, 전수하여 성립된 종파다. 현장은 「유식30송」을 주석한 주석서를 종합하여 「성유식론(成唯識論)」을 지어 법상종 교학의 기틀을 마련하였다. 현장의 「성유식론」을 기초로 자은규 기대사는 「성유식론 술기(述記)」를 지어 성대히 법상의 뜻을 선양하여 법상종의 시조가 되었다 한다. 법상종은 제법의 성상을 판단하여 체용(體用)을 분별하는 종지이므로 법상종이라 하였고, 또 비유비공(非有非空)의 중도를 말하였으므로 중도종(中道宗)이라고도 하였다. 법상종의 교학은 기본적으로 인도 유식학파의 학설을 답습한 것으로, 그중에서 무엇보다도 중시되는 것은 아뢰야식을 비롯한 8식에 대한 교의다.

「유식30송」은 유식사상의 이론 체계의 근간을 밝힌 저서라 할 수 있다. 미륵과 무착에 의하여 유식론의 골격이 만들어지고, 그것을 기초로 세친이 「유식30송」에서 유식론의 체계를 완성하였다고 할 수 있다. 삼장법사가 중국어로 번역한 「유식30송」은 30개의 게송에 불과하다. 하나의 게송은 5언 4구, 즉 20자로 이루어져, 30송 전체라고 해야 모두 600자에 불과하다.

「유식30송」은 의식에 관한 정수를 담고 있다. 30개의 게송에 불과한 적은 분량이기 때문에 암호에 가까운 저작이라 할 수 있다. 그 내용에 대해서는 상세한 설명 즉 주석이 없었다. 「유식30송」은 유식론을 잘 정돈하고 체계화하였지만 일반인들이 이해하기 어려웠다. 그래서 당시의 불교학자(논사)들은 이 게송의 사상을 널리 보급하기 위하여 주석서를 저술하였다. 이 주석서를 저술한 뛰어난 10명의 논사들이 있었는데, 이들을 흔히 십대논사라 한다. 친승, 화변, 덕혜, 안혜, 난타, 정월, 호법, 승우, 최승자, 지월이 그들이다. 당시 인도에 유학하였던 중국의 현장법사는 이들 주석서를 종합하여 「성유식론」을 저술한 것이다.

「성유식론」은 「유식30송」을 상세하게 설명한 주석서이다. 그 분량도 당시 중국 책의 기준으로 10권에 해당할 만큼 「유식30송」에 비하면 방대한 분량이다. 「성유식론」은 십대논사들의 주석서를 종합하여 저술한 책이기 때문에 이들의 서로 다른 견해를 다양하게 소개하고 있다. 유식론에서는 서로 일치하는 견해도 있고 그렇지 않은 세부적인 견해도 상당히 많다. 세친의 「유식30송」을 해석함에 있어서 당시의 유식학자들도 서로 견해가 일치하지 않았음을 알 수 있다. 한 예로, 유식론의 가장 기본을 구성하는 아뢰야식도 애초부터 생성된 것이라는 이론, 훈습에 의하여 생성된다는 이론, 및 애초부터 생성된 부분도 있고 훈습에 의하여 생성되는 부분도 있다고 보는 이론이 있다. 이는 한 예에 불과하며 많은 세부 이론들이 아직까지도 당시의 다양한 견해를 견지하고 있는 것 같다.

우리나라에 유식학이 전래된 것은 신라의 원광법사가 중국에 가서 섭론종의 교학을 공부하고 돌아온 것을 그 효시로 보고 있다. 그 후 자장율사도 섭론을 공부한 기록이 있고, 신라의 원측법사(613~696)도 중국에 유학하여 법상종의 유식사상을 종합적으로 연구한 것으로 알려지고 있다. 원측법사는 『해심밀경소』를 저술하여 한국 및 중국의 유식학 발전에 많은 영향을 미친 것으로 알려진다. 신라의 원효대사와 의상대사도 각종 저술에서 유식사상을 인용한 것으로 알려지고 있다.

「유식30송」은 암호와 같은 짧은 내용이지만 식에 관한 기본적인 원리를 모두 담고 있다. 「유식30송」은 크게 유식상(唯識相), 유식성(唯識性), 유식위(唯識位) 세 부분으로 나뉘는데, 제1송부터 제19송까지는 유식상을, 제20송부터 제25송까지는 유식성을, 제26송부터 제30송까지는 유식위를 설명한다. 유식상은 유식의 8식 구조를 비롯하여 8식의 생성과 소멸에 관한 원리를 설명한 것이고, 유식성은 식의 성질에 관하여 설명한 것이며, 유식위는 8식을 통하여 불성을 깨달아가는 다섯 단계에 대한 설명한다.

유식론은 의식을 8식 구조로 설명한다. 안이비설신의에 의한 6식과 제7식에 해당하는 말나식, 그리고 제8식에 해당하는 아뢰야식이 그것이다.

유식론의 첫 번째 특징은 제8식인 아뢰야식에 있다. 아뢰야식은 일어나는 모든 식이 저장되는 곳이다. 6식과 제7식인 말나식에서 일어난 모든 식이 마음정보로서 모두 저장된다. 아뢰야식은 생사윤회의 주체가 된다. 아뢰야식은 심리학이나 정신분석학에서 잠재의식이나 무의식에 해당한다.

유식론의 두 번째 특징은 제7식인 말나식에 있다. 말나식은 제6식의 연속 작용이다. 말나식은 사유작용(cogitation) 또는 지적작용(intellection)으로 사량식(思量識)이라고도 한다. 과학에서는 사유작용이 뇌에서 일어나는 것으로 보기 때문에 사유작용에 의한 식을 뇌로부터 분리된 개념으로 보지 않지만, 유식론에서는 말나식을 의근이 법경을 접하여 일어나는 연속 작용으로 보기 때문에 뇌와는 관계가 없다.

유식론의 세 번째 특징은 의근이 법경을 접하여 일어나는 제6식에 있다. 의근은 물리적으로 규명할 수 없는 비물질적 기관이지만 뇌가 아닌 것만은 틀림없다.

유식론에서는 식이 변계소집성(遍計所執性), 의타기성(依他起性), 원성실성(圓成實性)의 3가지 성질을 갖는다고 한다. 이것을 3성설이라고 하는데, 변계소집성은 식이 항상 상상하고자 하는 성질이 있다는 것을 의미하고, 의타기성은 식이 스스로 일어나지 않고 항상 인연에 의하여 일어난다는 것을 의미하며, 원성실성은 아(我)와 법(法)의 공성(空性)에 의하여 나타나는 식의 본성이 바로 궁극적 실재라는 것이다.

유식론에서는 8식으로부터 4가지 지혜를 얻을 수 있다고 하는데, 5감각인 전5식으로부터 성소작지(成所作智), 제6식으로부터 묘관찰지(妙觀察智), 제7식으로부터 평등성지(平等性智), 그리고 제8식으로부터 얻는 대원경지(大圓鏡智)라는 지혜가 그것이다.

참고문헌(Bibliography)

앨런 월리스 (황학구 옮김), 『아티샤의 명상요결』 경기도, 청년사 (2007)

안드레아 록 (윤상운 옮김), 『꿈꾸는 뇌의 비밀』 서울, 지식의숲 (2006)

크리스토프 코흐 (김미선 옮김), 『의식의 탐구』 서울, ㈜시그마프레스 (2006)

디팩 초프라 (정경란 옮김), 『죽음이후의 삶』 서울, 행복우물 (2007)

노먼 도이지 (김미선 옮김), 『기적을 부르는 뇌』 서울, 지호출판사 (2008)

에르빈 슈뢰딩거 (전대호 옮김), 『생명이란 무엇인가 · 정신과 물질』 서울, 궁리출판 (2007)

스티브 핑거 (김한영 옮김), 『마음은 어떻게 작동하는가』 서울, 동녘사이언스 (2007)

Francisco Varela (이강혁 옮김), 『달라이 라마와의 대화』 서울, 예류 (2000)

윌리암 이케스 (권석만 옮김), 『마음읽기』 경기도, 푸른숲 (2008)

Daniel G. Amen (안한숙 옮김), 『당신의 뇌를 점검하라』 서울, ㈜한문화멀티미디어 (2002)

J. Goldstein (현음, 이금주 공역), 『통찰의 체험』 경기도, 한길 (2002)

대니얼 카너먼 외 저, 존 브록만 편 (강주헌 역), 『생각의 해부』 서울, ㈜미래엔 (2015)

텐진 빠모 (김은령 옮김), 『마음공부』 경기도, 열림원 (2004)

Wei Tat (韋達), 『成唯識論』 Hong Kong, The Ch'eng Wei-shin Lun Publication Committee (1973)

김상운, 『왓칭』 서울, 정신세계사 (2014)

이경숙, 『마음의 여행』 서울, 정신세계사(2001)

윌리암 하트 (인경 옮김), 『단지 바라보기만 하라』 서울, 길 (1991)

사야도 우 조티카 (박은조 옮김), 『마음의 지도』 서울, 연방죽 (2008)

소걀 린포체 (오진탁 옮김), 『티베트의 지혜』 서울, 민음사 (2007)

마하리시 마헤시 (이병기 옮김), 『초월의 길 완성의 길』 서울, 범우사 (2005)

권오민, 『아비달마구사론』 서울, 동국역경원 (2002)

EBS 〈동과 서〉 제작팀·김명진, 『동과서』 서울, 위즈덤하우스 (2008)

리처드 니스벳 (최인철 옮김), 『생각의 지도』 경기도, 김영사 (2008)

프리초프 카프라 (김용정, 이성범 역) 「현대 물리학과 동양사상」 경기도, 범양사 (2012년)

다카사키 지키도 (이지수 옮김), 『유식입문』 서울, 시공사 (1997)

탈렉 캽괸 림포체 (유기천 옮김), 『티베트불교 입문』 경기도, 청년사 (2006)

최영식, 『빙의, 그 영혼의 노숙자들』 서울, 인화 (2004)

스티븐 라버지 (이경식 옮김), 『루시드 드림』 서울, 북센스 (2008)

파드마삼바바 (라마 카지 다와삼둡 번역, 에반스 웬츠 편집, 류시화 옮김), 『티벳 死者의 書』 서울, 정신세계사 (1995)

오형근, 『유식학상의 제6의식 연구』 서울, 불교사상사 (1991)

성철스님 법어집 (백련선서간행회 역), 『영원한 자유』 경남, 장경각 (1999)

梶川乾堂・慈明 (한정섭, 경철 편역), 『具舍論.唯識論』 서울, 법륜사 (1979)

서광스님, 『현대심리학으로 풀어본 유식 30송』 서울, 불광출판부 (2004)

Merriam-Webster's Collegiate Dictionary, Eleventh Edition. (2003). (F. C. Mish Ed. 11th ed.). Springfield, MA: Merriam Webster, Inc.

Amen, D. G. (1998). Change your brain, change your life : the breakthrough program for conquering anxiety, depression, obsessiveness, anger, and impulsiveness (1st ed.). New York: Times Books.

Atkins, P. W. (2003). Galileo's Finger: the Ten Great Ideas of Science. Oxford; New York: Oxford University Press.

Brockman, J., & OverDrive Inc. (2013). Thinking the new science of decision-making, problem-solving, and prediction (pp. 1 online resource). Retrieved from http://princeton.lib.overdrive.com/ContentDetails.htm?ID=8BE117A2-7BB6-4097-97B2-A5364EFD181A

Bstan 'dzin rgya, m., Varela, F. J., & Engel, J. (1997). Sleeping,

dreaming, and dying : an exploration of consciousness with the
Dalai Lama ; foreword by H.H. the Fourteenth Dalai Lama ;
narrated and edited by Francisco J. Varela ; with contributions by
Jerome Engel, Jr. ... [et al.] ; translations by B. Alan Wallace and
Thupten Jinpa. Boston: Wisdom Publications.

Capra, F. (2010). The tao of physics : an exploration of the parallels
between modern physics and Eastern mysticism (5th ed.). Boston:
Shambhala.

Choi, D. (2011). Mechanism of consciousness during life, dream and
after-death. Bloomington, IN: AuthorHouse.

Chopra, D. (2006). Life after death : the burden of proof (1st ed.).
New York: Harmony Books.

Conze, E. (2001). Buddhist wisdom : containing the Diamond Sutra
and the Heart Sutra (1st ed.). New York: Vintage Books.

Cook, F. H., Xuanzang, Vasubandhu, Xuanzang, Vasubandhu,
& Numata Center for Buddhist Translation and Research.
(1999). Three texts on Consciousness Only : Demonstration of
Consciousness Only. Berkeley, Calif.: Numata Center for Buddhist
Translation and Research.

Doidge, N. (2007). The brain that changes itself : stories of personal
triumph from the frontiers of brain science. New York: Viking.

Dossey, L. (2013). One Mind: How Our Individual Mind is Part of
a Greater Consciousness and Why It Matters (1st edition. ed.) Hay
House, Inc.

Evans–Wentz, W. Y., Karma gliṅ, p., & Zla ba bsam, g. (1960). The Tibetan book of the dead; or, The after–death experiences on the Bardo plane, according to Laāma Kazi Dawa–Samdup's English rendering (3d ed.). New York,: Oxford University Press.

Gelernter, D. (2014, January 2014). The Closing of the Scientific Mind. Commentary Magazine.

Goldstein, J. (1976). The experience of insight : a natural unfolding. Santa Cruz: Unity Press.

Goswami, A. (2007). Mind Before Matter: Visions of a New Science of Consciousness (J. E. M. a. P. D. Trish Pfeiffer Ed.). New Alresford, Hampshire, UK: IFF Books.

Goswami, A., Reed, R. E., & Goswami, M. (1993). The self–aware universe: how consciousness creates the material world. New York: Putnam's Sons.

Grimes, R. (2010). The Fun of Dying: Find Out What Really Happens Next! (1st ed.): Greater Reality Publications.

Hanh, T. N., Laity, A., & Nguyen, A. H. (2010). The diamond that cuts through illusion commentaries on the Prajnaparamita Diamond Sutra (pp. 1 online resource (150 p.)). Retrieved from http://libproxy.lib.unc.edu/login?url=http://site.ebrary.com/lib/uncch/Doc?id=10469185

Hart, W. (1987). The art of living : Vipassana meditation as taught by S.N. Goenka (1st ed.). San Francisco: Harper & Row.

Ickes, W. J. (2003). Everyday mind reading : understanding what other people think and feel. Amherst, N.Y.: Prometheus Books.

Jotika, U. (2008). Geography of Mind (E. Park, Trans.). Seoul, S. Korea: Yonbangjuk.

Jung, C. G. (1966). Two essays on analytical psychology (2d ed.). New York: Pantheon.

Koch, C. (2004). The Quest for consciousness : a neurobiological approach. Englewood, CO: Roberts and Company Publishers.

Kyabgon, T. (2001). The essence of Buddhism : an introduction to its philosophy and practice. Boston: Shambhala.

LaBerge, S. (2009). Lucid dreaming : a concise guide to awakening in your dreams and in your life. Boulder, Colo.: Sounds True.

Mahesh, Y. (2001). Science of being and art of living : transcendental meditation (Newly rev. & updated. ed.). New York, N.Y.: Plume.

Nagasawa, Y. (2008). God and phenomenal consciousness: a novel approach to knowledge arguments. Cambridge; New York: Cambridge University Press.

Nagel, T. (2012). Mind and Cosmos: Why the Materialist Neo-Darwinian Conception of Nature Is Almost Certainly False. New York: Oxford University Press.

Nhất, H. n., Laity, A., & Nguyen, A. H. (2010). The diamond that cuts through illusion : commentaries on the Prajñaparamita

Diamond Sutra (Rev. ed.). Berkeley, Calif.: Parallax Press.

Nisargadatta. (1973). I am that. Bombay: Chetana.

Nisbett, R. E. (2003). The geography of thought : how Asians and westerners think differently— and why. New York: Free Press.

Pearce, J. C. (1992). Evolution's end: claiming the potential of our intelligence (1st ed.). San Francisco: HarperSanFrancisco.

Pinker, S. (1997, 2009). How the mind works (Norton pbk. ed.). New York: Norton.

Poppe, N. (1971). The Diamond Sutra; three Mongolian versions of the Vajracchedikaā Prajñaāpaāramitaā. Wiesbaden,: Harrassowitz.

Radin, D. I. (2013). Supernormal: science, yoga, and the path to extraordinary psychic abilities (First edition. ed.) New York, Random House, Inc, Deepak Chopra Books

Radin, D. I. (1997). The conscious universe: the scientific truth of psychic phenomena (1st.ed.).NewYork,N.Y.:HarperEdge.

Rock, A. (2004). The mind at night : the new science of how and why we dream (1st ed.). New York: Basic Books.

Schrœdinger, E., & Schrœdinger, E. (2012). What is life? : the physical aspect of the living cell ; with, Mind and matter ; & Autobiographical sketches (Canto ed.). Cambridge ; New York: Cambridge University Press.

Sharma, R. S. (1998). The monk who sold his Ferrari : a fable about fulfilling your dreams and reaching your destiny (1st ed.). San

Francisco: HarperSanFrancisco.

Sheldrake, R. (2012). Science set free: 10 paths to new discovery. New York: Deepak Chopra Books.

Sogyal, R., Gaffney, P. D., & Harvey, A. (2002). The Tibetan book of living and dying (10th anniversary ed.). London: Rider.

Stanford University., & Center for the Study of Language and Information (U.S.). (1997 (with quarterly updates)). Stanford encyclopedia of philosophy   Retrieved from http://openurl.cdlib.org /?sid=UCB:CAT&genre=article&issn=1095–5054

Tenzin, P. (2002). Reflections on a mountain lake : teachings on practical Buddhism. Ithaca, N.Y.: Snow Lion Publications.

Tucker, J. B. (2013). Return to life: extraordinary cases of children who remember past lives (First Edition. ed.). New York: St. Martin's Griffin.

Varela, F. J., Bstan 'dzin rgya, m., & Engel, J. (1997). Sleeping, dreaming, and dying : an exploration of consciousness with the Dalai Lama ; foreword by H.H. the Fourteenth Dalai Lama ; narrated and edited by Francisco J. Varela ; with contributions by Jerome Engel, Jr. ... [et al.] ; translations by B. Alan Wallace and Thupten Jinpa. Boston: Wisdom Publications.

Vasubandhu, & Anacker, S. (1984). Seven works of Vasubandhu, the Buddhist psychological doctor. Delhi: Motilal Banarsidass.

Velmans, M. N., Yujin. (2012). Introduction to Monist Alternatives to Physicalism. Journal of Consciousness Studies: Special Issue on Monist Alternatives to Physicalism, 19 (Number 9-10).

Wallace, B. A., Quirolo, L., & Ye śes rdo, r. (2003). Buddhism with an attitude : the Tibetan seven-point mind-training (2nd ed.). Ithaca, NY: Snow Lion Publications.

Xuanzang, Vasubandhu, & Wei, T. (1973). Ch'eng wei-shih lun; the doctrine of mere-consciousness. Hong Kong,: Ch'eng Wei-shih Lun Publication Committee.

Xuanzang, Vasubandhu, Xuanzang, Vasubandhu, Cook, F. H., & Numata Center for Buddhist Translation and Research. (1999). Three texts on Consciousness Only : Demonstration of Consciousness Only. Berkeley, Calif.: Numata Center for Buddhist Translation and Research.

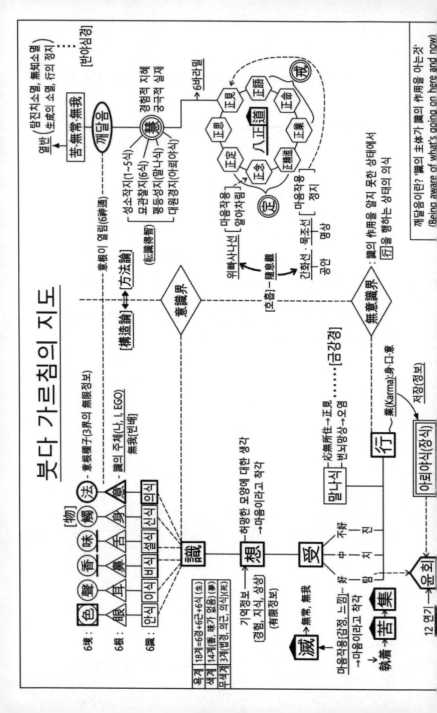